アカシック・チャネリングシリーズ 1

ヤマトを創建した
徐福の秘密

岩井　央

たま出版

はじめに

ここに著した情報は、実際に私が現地に足を運んで確認した内容をもとに、チャネリングによって集合意識にアクセスして得た情報を追加してまとめたものである。この類の本は、今までにあまり世に出ることがなく、しかも伝記に近いものがあるため、筆者が何を言いたいのか、読者には少しわかりにくいかもしれない。

しかし、本書にはたくさんの仕掛けがあり、そこには重要な情報が隠されているため、その詳細を調べれば、とても大きな発見があると思われる。

私たちは、普段この国で暮らしていることについて特に何も感じてはいないが、本書を読むことによって、日本という国がいかに特別な状況で生まれたかがよくわかるはずである。

本書の主人公である徐福は、実際のところ、一般に知られているような人物とはだいぶ違っている。彼にまつわる情報をこの本にはふんだんに盛り込んであるので、実際にこの本を手に、徐福にゆかりのある地を巡ってみていただきたい。そうすれば、徐福がいかに多くの事をなしたかがわかるはずである。

また、徐福にゆかりのある地には、一般には知られていない隠された秘密やパワースポットがたくさんあり、多くの人は、そのことについても大きな関心を持つと思われる。

本書は、そのような場所への膨大なフィールドワークによってできあがったものである。

徐福の秘密は、本書を読むことによって真に理解されるであろう。読者にとっても必ず新たな発見があるはずである。

さあ、日本の太古の歴史を探る冒険に出かけよう！

◎目次

古文書には歴史の虚実が織り交ぜられている

第六章　アトランティスの符号を紐解く

白うさぎになぞらえられた人間

遺跡が語らない古代史

徐福がつくりあげた理想国家、最古の国日本

古事記と日本書紀によって操られる古代史

歴史に息づく徐福の理想、アトランティス

第一章

徐福が日本へやってきた真の狙い

徐福は何のために二度も日本へやってきたのか

中国が秦と呼ばれていた時代、皇帝となった秦始皇帝は、不老不死の薬を探し求めて各地を巡行していた。あてもなく彷徨《さまよ》うような旅であった。さらに彼は、不老不死に効果があるといわれるもの、ありとあらゆるものを試した。しかし、いずれも効果はなかった。

あるとき、一人の方士が秦始皇帝に書状を差し出し、不老不死の薬を探すことを願い出た。その方士の名前は徐福といい、身長は二メートルを超すが、体の線は女性のように細く、おとなしそうな見た目であった。このとき、徐福の容姿はとても大きな助けとなった。

当時、政治の実権は秦始皇帝よりも、呂不韋という宰相が握っていたが、呂不韋もまた、表面上は人当たりが良く、そのことで、たくさんの人を騙してきていた。一方、徐福も、本心を明かさない性格をしていたので、お互いによく似ていた。そのため、徐福の申し出はスムーズに話が進み、秦始皇帝へのお目通りはすぐに叶った。

徐福は丁寧に、自分のことや不老不死の薬について説明をした。すると、秦始皇帝はその申し出を受け入れ、自らの宮殿へと招いた。そして、改めて話を聞いたうえで、徐福に不老不死の薬を探し出してくることを命じた。というのは、中国統一の偉業を成し遂げた秦始皇帝は、ありとあらゆる権力を手に入れてはいたが、老いと死からくる怖れには太刀打ちできないと感じていたからである。それゆえに、幾人もの者たちに、不老不死の薬を持ってくるよう命じていたのである。

当時、水銀は不老不死に効果があるといわれており、秦始皇帝はそのことを鵜呑みにしていた。しかし、水銀は人体にとって有毒であり、宰相の呂不韋には最初からそれが嘘だとわかっていた。だが、呂不韋はあえて水銀入りの薬をすすめ、秦始皇帝を弱らせていた。一説によると、秦始皇帝は呂不韋の実子ともいわれており、秦始皇帝を疎ましく感じる理由はないように思われるが、秦始皇帝はとてもコントロールしにくかったので、呂不韋は秦始皇帝を自分の意のままに動かすために体を弱らせようとしていたのである。そのことがばれたとき、秦始皇帝は呂不韋をとても恨み、呂不韋を処刑するよう命じたが、いったんは思い留まった後、結局は毒殺した。

一方、徐福が日本に渡来してきたのは紀元前三世紀ごろといわれており、その後、実際に何をしたかについては定かではない。徐福が去った後の足取りについては、中国には一切の歴史的記録が残っていないからである。

彼が当時、二度にわたって日本を訪れたことは、中国の歴史書である史記にも記されている。一度目の渡来の目的は、さまざまな伝説の下調べであった。琉球地方に残る、はるか遠い海の彼方にあるとされる理想郷ニライカナイといった伝説を聞きつけ、そこに住んでいた人々の遺跡や遺物、特に神代文字（岩刻文字）が残る場所を探し求めてやってきたのである。

日本の九州から東北に至る広範囲の地域に、徐福に関する伝承が残されているが、各地に残る書物、その記述の起源となったのは、一度目の渡来によるものであった。徐福が日本各地を数年にわたって行脚《あんぎゃ》したことがわかる。その旅に長い期間を費やし、彼は各地に残る伝説を人伝《ひとづて》に聞き、文化や風習、小国間の情勢について念入りに調べた。

この旅を経て彼の思想ははっきりと実を結んだ。徐福の旅は波乱万丈ではあったが、そのなかで次第に大きな目標を抱くようになり、やがてとても大きな野心と、さらなる理想を追い求める気持ちへと変わっていったのである。

だが、一方で徐福は、このままでは自分は何もなし得ないと気づいていた。彼には何の後ろ盾もなかったのである。野心を実現させるための素地が何もない。このことは、徐福にとってとても大きな不安材料であり、これだけは秦始皇帝に頼るほかはなかった。徐福がいったん本国に戻った所以《ゆえん》である。

彼は本国に戻り、自らの真の狙い、理想の国をつくるための国家統治を現実のものにしようとした。しかし、理想国家の建設を秦でおこなうことは不可能であるとも思っていた。なぜなら、中国本土における戦争の歴史に大きなわだかまりを感じていたからである。

だが、徐福は理想国家をつくることに大きな情熱を持っていた。二回目の渡来の際には、すでに具体的な国家統治の構想を抱いていた。

当時の中国では、はるか東方の海に三つの神山があり、そこには不老不死の薬を持った仙人が住むと考えられていた。この思想のもと、秦始皇帝のために不老不死の薬を持ち帰るべく派遣されたのが、徐福をはじめとした何人もの臣下たちであった。三つの神山は、それぞれ蓬萊《ほうらい》山、方丈山、瀛州《えいしゅう》山と呼ばれていた。これらの仙境はいずれも、古代中国に伝わる、不老不死を願う道教の神仙思想において説かれたものである。なかでも蓬萊山は、理想郷として伝承でもよく知られている。

徐福が日本で調査し、発見したこの三つの神山は、現在では島になっており、それぞれ沖縄県与那国島、福岡県沖ノ島、島根県隠岐島がこれに該当する。

・沖縄県与那国島：日本最西端に位置し、特に巨大な海底遺跡で有名な島。
・福岡県沖ノ島：発掘調査によりたくさんの古代遺物が発見されており、海の正倉院と呼ばれている。
・島根県隠岐島：古事記に記されている「因幡の白うさぎ」伝承に登場する島。

これら三つの島にはある共通点がある。それは、島の周辺に海底遺跡が眠っていることである。なかでも、もっとも大規模な海底遺跡を有するのが沖縄県与那国島で、この島こそ蓬莱山と考えるのが妥当である。すなわち、蓬莱山に住まう仙人とは、かつて与那国島海底遺跡に住んでいた人々のことを指している。また、福岡県沖ノ島が方丈山、島根県隠岐島が瀛州山である。

それぞれの島の名前は、沖ノ島も隠岐島も同じく「オキノシマ」と読み、与那国島の属する沖縄県にも「オキ」の名前が入っている。「オ」は「ウ」からなまって転化したもので、かつてこれらの島々は「ウキノシマ」と呼ばれていた。

太古の昔、かつての海抜は今よりも低かった。つまり、三つの海底遺跡は呼び名の通り、空に浮かぶような威容を誇る、天空高くそびえる神殿だったのである。そこでは、多くの人々が豊かな暮らしをしていた。

いずれの島も、秦から不老不死の薬を持ち帰るべく派遣された徐福によって調査されている。実際に徐福が海底遺跡を見つけたときには、感動に打ち震え、このことについて誰にも知られたくないと思った。伝説の国がかつて存在したことを確信し、この島こそ、自分の考える理想の国にふさわしい土地だと考えた。徐福の胸の内に秘めていた情熱が燃え上がり、ふつふつと湧き上がってきたのはこのときからである。

徐福は帰国後、大きな鮫がいたので三神山には辿り着けなかったと嘘の報告をし、駐屯のためには多くの人材と物資、そして技術が必要であることを訴えた。そして、あらためて不老不死の仙薬を調達しにいくことを願い出て、望みの物資を与えられたならば、必ず不老不死の薬を持って帰ると秦始皇帝に誓った。秦始皇帝は、徐福の要求を受け入れ、数千人の若い男女、五穀の種、各種技術者を付託してふたたび旅立ちを許してくれた。

なぜ徐福は、秦始皇帝からこれだけの人材、物資を引き出すことができたのか。これは、徐福が秦始皇帝にとって特別な存在だったからである。

徐福は当時、方士として知られていた。方士とは、不老不死の秘術を会得した人物を指す。秦始皇帝は、徐福を宮殿に招いた際、かつて秦の人のあいだで言い伝えられてきた、ある伝承について思い出していた。伝承とは、ある血脈について語られたもので、秦始皇帝は、徐福との会談のなかで、その伝説の血脈を受け継いだ者こそ、まさに徐福であることを知ったのである。結果的に、秦始皇帝にとって徐福はとても大きな存在となった。

徐福については、二度目の船出の後「秦始皇帝の信任も虚しく、徐福は二度と戻らなかった」というのが、中国の歴史書の記録である。

それ以降の彼の足取りについては、一般に知られていない。

実際には、日本に再上陸後、徐福は数千人の民を率いて、国家の基盤づくりをせんと活動をはじめ、中央集権国家の確立を目指したのである。このとき徐福の大きな後ろ盾となったのが、当時の中国における最先端の技術を持った技術者集団であった。かつて四十八メートルもの高さがあった出雲大社の高層神殿は、彼らの技術がいかに高度であったかを如実に物語っている。ちなみに、上古時代にあったと伝えられる九十六メートルの高層神殿は、実際には存在しなかった。

徐福の拠点としてつくられた出雲の都

徐福の二度目の渡来時には、彼は大きな船団でもって海を渡り、上陸のために海岸沿いにしばらく船を停泊させた。

徐福の船団がやってきたとき、すでにそこに住んでいた人々は、その船団の威容を目の当たりにし、海を越えて襲来してきた異邦人に恐怖し、おののいた。その様子は、江戸時代末期のペリー来航のようなものであった。騒然となった人々は、侵略者に対してすぐさま戦いの準備をはじめた。

一方、そこに住む人々には自分たちの進行を阻止する術がないと考えた徐福は、彼らはすぐに降伏すると思っていた。ところが、徐福の思うほど容易にはいかず、地元の人たちは強い抵抗を見せた。そこで徐福は悩んだ末に「我々は、ここにいる神様を求めてやってきた」と伝えることにした。

それに応じて、徐福をとりあえず受け入れてくれたのは出雲であった。出雲の人たちは「神を求める」と言った徐福に驚くほどよくしてくれた。徐福にとってみても、地元の人たちの信仰に対する敬意そのものが大きな信用となり、彼らとうまくやっていけるようになった。

次第に交流を深めていくなかで、多くの人たちが徐福のもとに集まるようになり、やがて、ひとつの都市を築くまでになった。

こうして成立した都市、徐福が渡来して最初にできあがった都が出雲であった。徐福はしばらくのあいだ、出雲に住んでいた人々とともに暮らした。中国の春秋・戦国時代をつぶさに見てきた彼は、長年にわたり出雲に住んできた人々を武力で統治することの難しさをよく知っていたのである。

当時の日本は小国の集まりであったため、いくら徐福が技術と資本を持っていたとしても、すぐに全国の統治には至らなかった。そこで徐福は、中国から持ち込んだ技術や文字、農作物のつくり方などを教え、人々の信用を得ることからはじめることにした。そこで、各地を巡行し、稲作を教え広めたのである。その結果、すぐに稲作は広まり、各地で農耕文化が花開くこととなった。

徐福は秦始皇帝と最後に面会した際、その顔色から、彼の寿命がそう長くはないとわかっていた。先にも述べたように、秦始皇帝は定期的に水銀を服用していたからである。だからこそ日本の地で安心して暮らせたともいえる。そして徐福のにらんだ通り、ほどなくして秦始皇帝は亡くなり、秦王朝は滅んでしまった。

第二章
徐福の国づくりは出雲からはじまった

日御碕《ひのみさき》にオリジナルの出雲大社が存在した！

以上、徐福の日本渡来以降の足取りと事績についてざっと述べたところで、次にフィールドワークに移ろう。

徐福が出雲で最初に着手したことは、神殿の建設であった。出雲といえば出雲大社だが、本書ではそれよりも西に位置する日御碕神社にスポットをあててみたいと思う。というのは、日御碕神社の場所がとても重要な意味を持つからである。

実際に日御碕神社に足を運んでみると、面白いことがわかってくる。日御碕神社の鳥居をくぐり、しばらく進むと朱色の楼閣が見えてくる。その楼閣に納められている狛犬には角が生えており、一般に見られるものとは少し違っている。また、境内の構成も、二つの宮が上下になるという微妙な配置で建立されている。

また、「日沈宮《ひしずみのみや》」と呼ばれる下の宮は西向きに置かれており、御祭神は太陽神の天照大御神《アマテラスオオミカミ》である。それに対する上の宮は、鬼門（北東）方向に置かれ、「神の宮」

とあらわされて、須佐之男命《スナノオノミコト》が祀られている。鬼門は忌み嫌われる一方で、神々が通り抜ける方角、あるいは太陽が生まれる方角という考えもあり、実際に「神の宮」は「日沈宮」より高い位置に建立されている。すなわち、須佐之男命の方が天照大御神よりも格上という印象を与えている。須佐之男命は、出雲の国づくり神であるため、このような位置づけに意味が見いだせる。

ただし、規模でいえば「日沈宮」の方が立派である。「日沈宮」は、天照大御神の御神託により経島《ふみしま》に建立された社を、後代、さらなる御神託により現在の地に移したものといわれている。古来より、日本の夜を守る神社として、広く親しまれてきた。

もともとの社が建立されていた経島は、日御碕神社の裏手に位置し、島の中央には小さな祠が建てられている。この小さな祠が、かつての「日沈宮」ということになる。周囲にはたくさんのウミネコが舞っており、異様な雰囲気を醸し出している。

現在、経島は禁足地となっており、年に一度だけ、日御碕神社の宮司が祭事（八月七日：夕日の祭り）を執りおこなうときのみ渡島が許されている。

日御碕神社の狛犬

（上）日御碕神社の日沈宮
（下）経島

出雲の古文書には、かつて経島の洞窟に刻まれていた神代文字（岩刻文字）の記録が残されている。すなわち経島は、神代文字が存在する神聖地ということになるのだが、実際には経島に洞窟は見つかっていない。地元の伝承によると、かつて日御碕神社の祭事（夕日の祭り）は、経島の西にある、タイワと呼ばれるエリアでおこなわれていたが、その後、タイワは海底に沈んでしまったという。

現在、海底に沈んでいるタイワには、洞窟と、西方向へ延びる参道が見つかっている。つまり、この海底遺跡こそ、オリジナルの出雲大社だったのである。

徐福は、この場所に神代文字が刻まれているのを見つけ、タイワに出雲大社をつくることに決めた。「タイワ」とは「神との対話」を意味する。これが、徐福が渡来して最初に着手した、理想の国づくりへの第一歩であった。

しかし、その後タイワは大地震により海底に沈んでしまった。しばらくして、出雲大社は現在の地に移されたが、それでも、出雲大社の創建は、神話の時代にまでさかのぼるといわれている。現在の出雲大社にも秘められた何かがあり、その秘密は裏山の八雲山に隠されている。だが、八雲山は禁足地になっているため、現在は立ち入ることができない。

出雲大社と八雲山

神代文字が伝える古代文明の叡智

出雲の経島の洞窟に刻まれていたと伝わる岩刻文字をはじめ、神代文字にはいくつかの種類が存在するが、それらはすべて、日本語のかな表記五十音に即した形で構成されている。さらに、神代文字は徐福が渡来する前から存在していた。これは、漢字が伝来する以前の日本語の話し言葉が神代文字に由来していることを意味している。

出雲の岩刻文字は相当に古いものであるといわれており、それは、太古の昔にこの地にいた人々が遺した文字である。神代文字を用いれば世界中の古代遺跡に遺されている文字をすべて解読できるともいわれており、真理との対話や神道の祝詞《のりと》など、言霊《ことだま》としてこれまで脈々と受け継がれてきたものでもある。

そのなかでもっとも古く、すべての神代文字の起源となる古代文字が存在する。それは、太古の文明に由来する古代文字であり、そこには、独自の哲学思想が体系化されていた。

その古代文字を使っていた人々、すなわち、海底遺跡をつくりあげた太古の文明が、いったいどのような結末をむかえてしまったのかはわからない。しかし、彼らの持っていた叡智は普遍的なものであり、森羅万象との関わりについて、大きな示唆を与えてくれるものであった。現在、その思想は道教に受け継がれている。

この古代文字が持つ大きな特徴は、文字を円環羅列状に表記することである。そのため、一度に多くの文字数を表記することができない。合理性とはまったくかけ離れた言語である。だが、これは言葉での直接表現を最低限にして情緒や情景を表現する、俳句や和歌に通ずるものであった。

また、この古代文字の表記には、音を表現する声音符と、事象がどのような状態であらわれているかを示す図象符《ずぞうふ》の二種類がある。図象符は想いを実現させる共鳴作用が働くと考えられ、古代中国において護符として成立し受け継がれている。また、図象符の表記方法に由来し、中国では、八という数字が特別な意味をもち、安らぎや飽和をあらわすようになった。易経における八卦などにもみられるように、宇宙の自転や公転の周期も八分割で構成され、宇宙のすべては八卦から生まれるとされている。

この考え方は、もちろん日本においても、八角墳や、出雲大社の御神体が八角形の御神座と呼ばれる畳の上に置かれているなど、いろいろなところに残されている。

また、日本語の発音は五十一音しかなく、簡単で、とても綺麗な音だといわれることがある。それは、日本語の発音が神代文字に由来するためである。両者のイントネーションはよく似ている。日本語の発音は、母音と子音の割合がほぼ一対一であり、この比率が耳に心地良く感じられるため、世界でも響きの美しい言語の一つとされている。

一般に、日本語の話し言葉の成り立ちは、中国語やアイヌ語、ヘブライ語などの影響を受けながら、徐々に変化していったものと考えられている。書き文字としては、神代文字から縄文文字、そして漢字から仮名へと変化していった。その変化のなかでも漢字の伝来は特別なもので、漢字と音が組み合わさったことにより、現代の日本語が成立した。

表意文字を持つ言語は、世界でも中国語と日本語くらいで、なかでも日本語は文字数も多いことから、英語圏の人にとってはもっとも難しい言語の一つとされている。また、言語が脳の使い方を決めているという点においても、日本語は、かなり特殊な言語といえる。

シュメール神話から日本神話への展開

日本神話はとても意味のある神話で、たくさんの情報が盛り込まれている。実は、日本神話はシュメール神話に由来しており、シュメール神話の方がオリジナルである。シュメール神話とは、シュメール文明に残されていた神話で、シュメール文明は、メソポタミア文明の起源とされる歴史上最古の文明である。その神話において、アナンヌキと呼ばれる神々の集団について語られており、多数の神々のなかでも、その長であるアヌ、アヌの息子で王位継承者であるエンリルと異母兄弟のエンキ、エンキの息子であるマルドゥクとニンギシュジッタなど、神々たちの思惑が交錯する様子が興味深い。まるで近年のSF映画のような神話である。

また、日本神話へと展開された際、つじつまがあわなくなる部分や、ギルガメッシュ叙事詩などの他の神話が混ざった部分については、わりと土着的に書き換えがおこなわれた。ギリシャ神話をはじめとした、世界各地に残されている神話には、このシュメール神話を起源としているものが数多くある。

シュメール神話は、超古代文明が存在したアトランティス時代の出来事を伝えたものである。アトランティスとは、古くから伝承において、現代文明をはるかに凌ぐと言い伝えられた文明で、これまで多くの人がその存在を探し求めてきた。神話にはたくさんの情報が含まれており、そのなかでもシュメール神話の物語のなかに、アトランティス時代に起きた出来事が大まかに記録されている。そのシュメール神話が織り込まれた日本神話のなかで、天上の世界とされる高天原は、シュメール神話上で考えた場合、現在のアルメニア、イラク、トルコ東部のアナトリア地方を指すことになる。

それゆえに、日本神話にしたがえば、神社に祀られている御祭神はかつてのアトランティス人ということになる。それを示すように、歴史ある大きな神社はレイラインを形成するよう、計画的に置かれている。そこにあるのは三位一体の思想である。

ここでいう三位一体とは、キリスト教の概念ではない。アトランティスの「三つが重なって一つになる」という思想のことである。これはエジプトをはじめとした世界各地の神話に影響を与えた。

アトランティスは大きな文明で、高度に発達していた。大西洋から地中海に渡る広大な範囲に広がっており、宗教の中心地は、地中海の中央にあるクレタ島の北に位置していた。

徐福には大きな叡智が備わっており、祖先から的確な位置関係について詳しく伝承されていた。それゆえに、日本の各神社は無作為に置かれているわけではなく、彼の叡智のもと、計画的に配置された（P102の図を参照）。

出雲大社の場合、地中海のクレタ島と同緯度の北緯三十五度に位置しているが、経度はクレタ島が東経二十四度なのに対し、出雲大社が東経百三十二度となる。その差は百八度であるが、この百八度という角度にも意味がある。

円周三百六十度を百八で割ってみると、答えは三・三三三……となる。何をあらわているかは、一目瞭然であろう。「三つが重なって一つになる」というアトランティスの思想である。つまり徐福は、出雲大社をアトランティスの思想に倣って配置したのである。

同様の思想は、出雲大社の建築様式にもみられる。かつての古代神殿の高さは四十八メートルであったと先にも述べた。それを支える柱は、直径一メートル以上の杉の木を三本束ねてつくられていたのである。現在の神枯殿の入口付近に、古代神殿の御柱の模型が展示されている。同様に神楽殿には、長さ十三メートル、太さ八メートル、重さ四・五トンの、日本最大級の注連縄《しめなわ》が結ばれている。これもまた、三本を束ねて一匹の蛇となすことを象徴している。

出雲大社神楽殿の注連縄

さらに、出雲大社を起点とした北緯三十五度線上には、東経百三十五度（百三十二＋三）の天の橋立（元伊勢・籠《この》神社）、東経百三十八度（百三十二＋三＋三）の諏訪大社、東経百四十度（百三十二＋三＋三＋二）の鹿島神宮と、いずれも神話にまつわる由緒正しき場所が三度おきに配置されている。鹿島神宮に関しては、実際は東経百四十一度（百三十二＋三＋三＋三）の場所を意図していたのである。しかし、そのとおりにしようとすると海上に出てしまうため、陸地ぎりぎりの東経百四十度に配置した。徐福は、このラインを太陽の通り道と見立てて、それぞれにポイントを置いたのである。

徐福が渡来して最初につくった都は出雲であった。そのため、彼は出雲にすべての起点となる特別な神殿を建立することにしたのであり、こうしてつくられたオリジナルの出雲大社は、アトランティス時代の太陽神殿を再現したものであった。太陽神殿の再現という意味では、エジプトの大ピラミッドも同様の思想に基づいたものである。

かつてアトランティス時代には、クレタ島の北に太陽神殿と呼ばれる神殿があり、そこが太陽信仰の中心地であった。神託の場としてもっとも重要視された場所で、多くの人々が太陽に祈りを捧げていた。小高い丘の上に建てられた神殿に至るまでの階段も含め、すべてが聖域とみなされていた。そのため、一般人はもとより神官でさえも、神聖な儀式のとき以外は立ち入ることができなかった。そして、この神殿の忠実な再現が、エジプトの大ピラミッドや出雲大社に受け継がれていった。

同じく出雲にある日御碕神社にもアトランティスの思想がうかがえる。日御碕神社は、建立された当初、須佐之男命のみを祀る神社であった。須佐之男命を祀る「神の宮」は、鬼門（北東）方向に置かれていることはすでに述べたが、北東方向は、夏至の日に太陽が昇る方角でもある。夏至の太陽は一年でもっともエネルギーが強いため、アトランティスでは毎年夏至の日に、人々は北東を見ながら朝日に感謝を捧げたのである。風水では北東方向を鬼門といい、忌むべき方角としているが、徐福はあえて鬼門を忌まれたままにした。

太陽神殿とのつながりを示すものはまだある。かつて太陽神殿に仕えていたアトランティス人の神官は、髪型をモヒカンにして刈り込むことが正装であった。このことは、クレタ島で発見されたファイストスの円盤に記されている。ファイストスの円盤とは、クレタ島のファイストス宮殿で発見された遺物である。モヒカン頭の絵文字が多く描かれているのに目を引かれるであろう。この円形の粘土板には、モヒカン頭以外にもたくさんの絵文字が刻まれており、そのどれもがまったく同じ大きさ、同じ形状であることから、最古の印刷物とも呼ばれることがある。しかし、それに反して、同じ古代文字を使った遺物は他に見つかっていない。そのため公式な解読は進んでいないが、実際には、円盤に記されているのはアトランティスでおこなわれていた神託の儀式の手順である。

また、ハワイのカメハメハ大王が被っていたモヒカン形の冠も、アトランティス人の神官の名残である。さらに、同様のことが、古代出雲歴史博物館に展示されているモヒカン頭の像にもみられる。これがアトランティス人を模ったものであることは、すぐにわかるであろう。この像もまた、出雲大社が太陽神殿の再現であることを示しているのである。

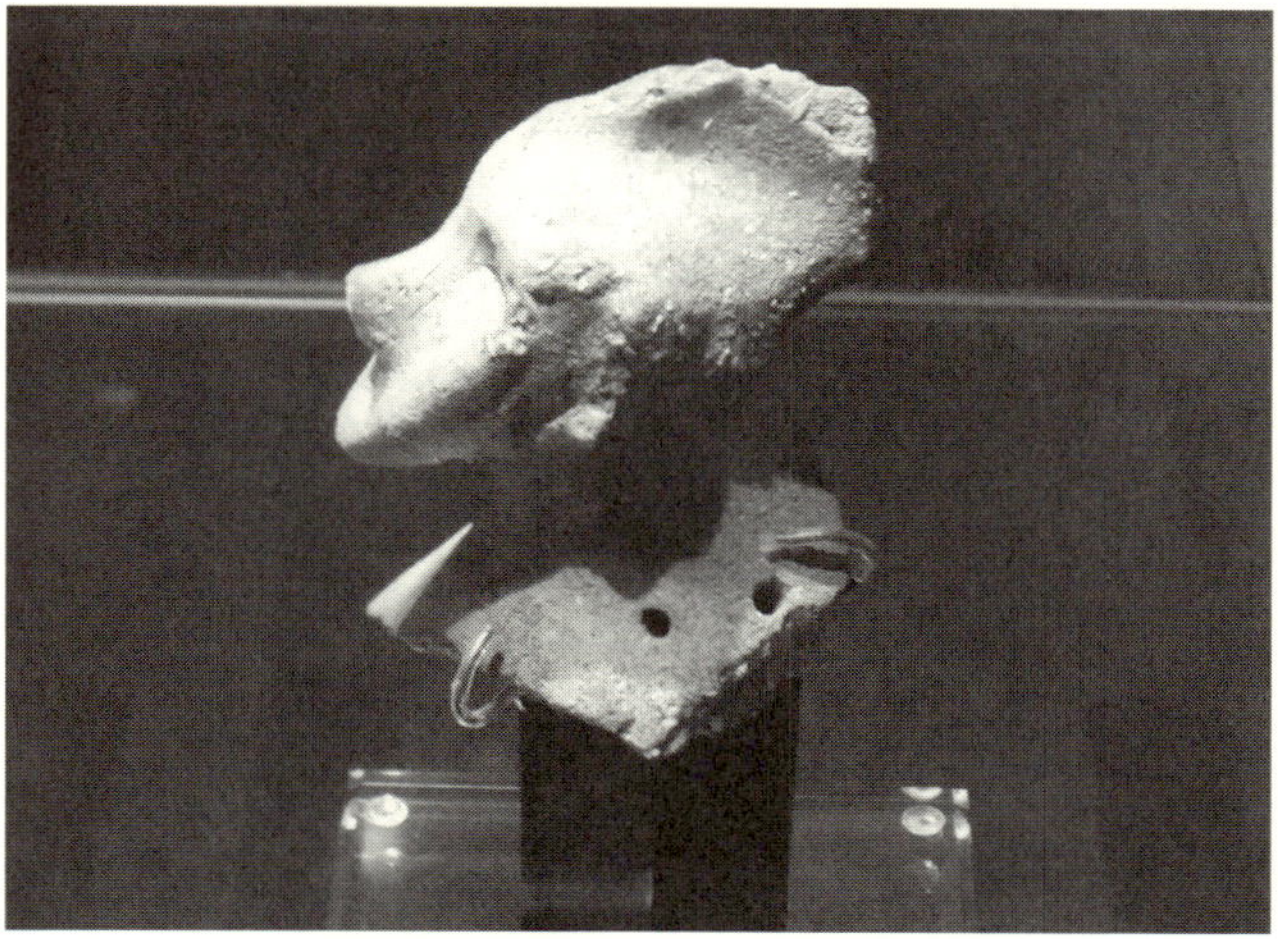

（上）ファイストスの円盤（from de. wikipedia/by asb）
（下）島根県立古代出雲歴史博物館のモヒカン像

また、古代出雲歴史博物館にはこの像と同じ粘土でできた奇妙な形の壺も展示されている。これは、かつての出雲大社における儀式の際に、煙をたくために使われたものである。

島根県立古代出雲歴史博物館の奇妙な形の壺

徐福のピラミッド建設とモーゼから受け継がれた血脈

出雲の松江市にある、美保関の麻仁曽山《まにそやま》は、海岸沿いから見ると綺麗なピラミッド形をしており、古くから地元の信仰の対象とされてきた。古事記と日本書紀では、松江市の美保関にある麻仁曽山近くに、出雲大社の御祭神である大国主命《オオクニヌシノミコト》の国づくりを助けた少彦名《スクナヒコナ》が漂着したという物語が語られている。

美保関の麻仁曽山

この麻仁曽山は、中国の西安からほど近い場所にあるホワイトピラミッドと関係がある。ホワイトピラミッドはとても不思議なピラミッドで、その周辺では、小さなピラミッド群が百基以上確認されている。そのピラミッド群のなかで最大のホワイトピラミッドは、高さが三百五メートルもある。エジプトのギザの大ピラミッドが百三十八メートルであるから、現在のところ世界最大のピラミッドということになる。

ホワイトピラミッドは、自然の山に石のブロックを敷き詰めたもので、今でもその一部に白灰色の巨大なブロックが残っている。かつては純白のピミラッドで、遠目からは各面が白い光に包まれていた。同様に、エジプトの大ピラミッドもかつては白い化粧石が施されており、全面が白く輝いていた。

だが、ホワイトピラミッドはエジプトの大ピラミッドと違い、全体は台形であって、冠石が存在していない。冠石が発見された場合、それはかなりの大きさになるであろう。現地の言い伝えによると、かつては巨大な冠石が存在しており、それについては中国の古代聖典のなかでも触れられているという。その冠石は透明ではなく、少しスモークがかっており、かつて起こった大洪水で流されてしまった。

さらに、ホワイトピラミッドの近くでは、真円の中心に穴が開けられ、中心から縁に向かって、螺旋状に微細な溝が施された遺物が発見されている。溝には微小な象形文字が彫られており、それには信じられない秘密が隠されていた。その遺物が明らかにしたのは、宇宙船に乗って地球に着陸した古代の宇宙飛行士の存在だったのである。宇宙船に不具合が発生し、修理することができずに地球に座礁してしまったことが書かれていた。

秦始皇帝陵がこれら遺物と同じく西安からほど近い場所に存在するのは、ホワイトピラミッドに強い関連がある。秦始皇帝は、目の前にそびえ立つホワイトピラミッドを目の当たりにし、太古の王の偉大さを象徴しているものと感じた。それゆえに、ホワイトピラミッドに敬意を払って、それを真似ようとしたのである。

秦始皇帝陵は、ピラミッドを想起させるような形につくられた。その地下には巨大な宮殿が築かれ、水銀の川がつくられたと言い伝えられている。秦始皇帝陵は、これまでに一度だけ発掘調査がおこなわれたことがあるようだが、その結果、なぜか当面のあいだは発掘調査をおこなわないという結論に至った。その理由は、残されていたすばらしい彩色がみるみるうちに変色し、保存方法が具体的に見つからなかったためとされている。しかし、一部では、中国人がつくったものではない何らかの証拠が見つかったために、隠蔽目的で埋め戻されたとも言われている。

さて、冒頭で述べた麻仁曽山は、このホワイトピラミッドの冠石部分を補うために徐福がつくったものである。しかし、結局は未完のままに遺された。つくるまではよかったが、どうやって中国の西安まで運ぶかが算段できずに、そのままに遺されたのである。

徐福が、なぜこのようなことをおこなったのか、それは、自分の偶像をつくりあげる必要性を感じていたからである。私たちには思いもよらないことであるが、徐福は自分の名前に「神」の文字を使うことによって、他民族との統合がかなったことを示す、歴史的な印にしようとも考えていた。

徐福ははじめ、神武と名乗っていた。初代天皇とされる神武天皇のことである。さらに、とても長い寿命を持っていた。そこからわかるとおり、徐福は普通の人間ではなかった。モーゼの血脈を継ぐ子孫であり、彼のルーツはモーゼの時代にまでさかのぼる。

第三章

モーゼの知られざる真実

モーゼは、実は二人いた！

モーゼとは、私たちが考えているとおりの人物ではない。モーゼは自分のことを周りの目からひた隠しにしていたのである。普通の人間と違うということは、多くの人間にとって怖れを生む。人間が抱く、未知のものに対しての大きな怖れのため、モーゼは普段から帽子を被り、自らの肉体的な秘密を隠し、一握りの人間にしかその秘密を明かさなかった。

その秘密とは何か。モーゼには角が生えていたのである。すなわち、彼は一般にいう鬼だったのである。

モーゼが登場する旧約聖書の出エジプト記には、モーゼとイルラエル人たちが出エジプトを果たした当時、十の災いが起こったとされている。そのうち、最初の六つの災いは、現代でも起こり得る現象であった。

その第一の災いは「血の災い」といわれ、モーゼが杖でナイル川を打ったとたん、川の水がことごとく血に変わり、魚が死んで悪臭を放ち、エジプト人たちはナイル川の水を飲めなくなったと記されている。

これは、プランクトンの異常発生による赤潮で、必ずしも海だけではなく、川でも起こり得る現象である。プランクトンや藻の大量発生による酸欠、あるいは毒素などの排出により、魚が死んでしまうことがしばしばみられる。赤潮が起こるには、栄養が豊富で暖かな環境が必要だが、エジプトのナイルデルタは流れが穏やかで、かつ淡水と海水が混ざり合う場所でもあるため、特に赤潮の発生しやすい条件を満たしている。

実例は枚挙に暇がないが、一例をあげると、二〇一二年十一月二十七日に、オーストラリアのシドニー東岸において、波打ち際まで真っ赤に染まるという現象が発生した。その様子は、まさにモーゼの時代に起きた現象と同じであった。

第二の「カエルの災い」から第六の「腫れ物の災い」までは、同じように赤潮の発生が原因となって、たくさんのカエルやあぶが発生し、疫病をもたらした。

それ以降の災い、「雹の災い」や「暗闇の災い」といった天変地異は、もっと大きな異変の影響によってもたらされた。原因は宇宙的な磁気嵐であった。このためエジプトに限らず、世界各地で雹や砂嵐といったさまざまな異常気象が起こっていた。これらは太陽風によってもたらされたものである。

そして、旧約聖書の出エジプト記においてもっとも有名であろう、紅海が割れるエピソードについてであるが、これも実際に起こった出来事である。紅海が割れた本当の理由は、静電気的な潮汐作用であった。水が持つ僅かな反磁性効果により、海水は磁界を避けようとするため、磁界の強い部分の水面が下がる現象が起こる。これにより、あたかも潮が引くように一部が干上がったため、海底を歩けるようになったのである。これをモーゼ効果と呼び、実際に現象を確認することができる。

小さな実験設備ならともかく、海のように巨大な質量で実験と同じことが起きるのか疑問に思うことであろう。だが当時、地球はまさに天変地異に襲われている最中で、その原因は月とも密接に関係していた。強い太陽風により、地球と月のあいだで磁場が激しく交差しあい、すさまじい磁気嵐を生み出していたのである。そして、帯電があるブレークポイントを超えた瞬間に猛烈なスパークが発生し、天空には稲妻による閃光が走り、荒れ狂う磁気嵐により、大規模な磁場の乱れが発生していた。磁気嵐の中心が紅海の上に形成され、その影響により紅海が割れるという奇跡が起きたわけである。このとき、宇宙的レベルで起こる稲妻により、エジプト軍の追っ手は進行を妨げられた。余談だが、紅海に発生した磁気嵐は、小規模ながらも同じような現象が宇宙ステーションから観測されたことがある。そのときはオーロラに近い現象が見られた。

ただし、モーゼは偶然によって危機を回避したわけではない。彼には未来を見通す特別な能力があった。天変地異による出来事を予知し、それを利用したのである。

こうして、紅海が割れる奇跡を眼前に、多くのイスラエル人たちが紅海を渡りきった。しかし、紅海を渡ったすべてのイスラエル人たちが対岸にたどりつけたわけではなかった。渡りきったイスラエル人の人数は、なんと半数になっていたのである。当時の人々でさえ、実際に何が起こっているかはよく把握できなかった。

旧約聖書では、紅海を渡りきったのち、イスラエル人たちの一行は荒野を彷徨《さまよ》い、モーゼは四十日間シナイ山にこもって、神から十戒を授かったといわれている。十戒の内容は、モーゼがインスピレーションを受けた内容を書き留めたものである。すなわち、チャネリングによって十戒を授かったということである。

いうまでもなく、石板自体はモーゼが彫ったものであり、これはとても大変な作業であった。そして、石板を彫るために四十日間シナイ山にこもったことは、多くのイスラエル人たちをまとめるための演出でもあった。

旧約聖書はさらに続ける。モーゼがシナイ山から下りたとき、イスラエル人たちがまったく掟にしたがっていなかった様子を目の当たりにし、モーゼは絶望と怒りに満ち、その怒りのまま石板を割って、彼らを粛清したという。

これは、実際の出来事が前後して組み込まれている。紅海を渡りきれずに、イスラエル人たちの半数がいなくなった出来事がここに反映されているのである。

一般にいわれているように、シナイ山はシナイ半島南部にある山のことではなく、実際にはアラビア半島北部にあるベドル山を指している。当時のシナイ半島はエジプト領であったため、そこに四十日間も留まっていられるわけがない。また、当時ベドル山は噴煙を上げており、それを目印にイスラエル人たちは列を成して移動していった。

また、とても興味深いことだが、紅海を渡りきった直後のモーゼと、そののち荒野を四十年間彷徨い続け、約束の地カナンを目前にして世を去ったとされるモーゼとは、まったくの別人である。モーゼという名前は、称号のような形で受け継がれていたので、このときは二人のモーゼがいたことになる。

出エジプトを為して紅海を渡り、シナイ山で十戒を得たのが今に伝わるモーゼで、これが一人目のモーゼである。しかし、それ以降のモーゼは別人になった。モーゼとは、グループの一団を率いるリーダーに与えられた称号であり、この二人目のモーゼは、旧約聖書でモーゼの後継者とされたヨシュアであった。つまり、約束の地カナンを目の前にしてこの世を去ったとされるモーゼは、本当は実在していなかったのである。

紅海を渡りきったのち、一人目のモーゼは東の方角に進路を取り、二人目のモーゼ（ヨシュア）は西の方角に進路を取った。二人は、はじめ意気投合していたが、紅海を渡った以降の進路については意見が対立した。ヨシュアは、信仰心は篤《あつ》かったが、とても好戦的な性格をしており、カナンの地を征服するつもりでいた。イスラエル人たちの大半は、ヨシュアに騙されていた。一人目のモーゼがいなくなったとき、モーゼは病気のため、少し休んでからくると嘘をついて、みなを促し先に進んだのである。これが二人目のモーゼの正体である。

ヨシュアは約束の地カナンが西方向にあるとわかっていたので、そのまま進路を西方向に取った。一方で、モーゼには未来を見通す力があり、イスラエル人たちのほとんどがついてこなくても、あえて進路を東に取った。モーゼは、カナンとは違う土地で理想の国をつくろうとしたのである。聖書の記述は、あまり正確に書かれているわけではない。

一人目のモーゼが率いた一団は、子々孫々にわたり時間をかけて少しずつ移住し続け、ペルシャを経由し、中央アジアにしばらく留まった。一方、ヨシュアが率いたカナンのイスラエル人たちの国は、南王国のユダと北王国のイスラエルに分かれたあと、アッシリアの侵攻によって、北王国のイスラエルは滅ぼされてしまった。このとき、北王国のイスラエルにいた十支族は、難を逃れてモーゼのもとに逃亡した。これが俗にいう、失われた十支族である。

その後、一人目のモーゼが率いた一団は、中央アジアからヒマラヤ山脈を南下したグループと、そのまま進路を東に取ってゴビ砂漠を経由したグループとに分かれていった。

鬼伝説に秘められたモーゼの足跡と血脈

鬼については、日本ではヒルコ神話や、桃太郎をはじめとした昔話のなかに登場する。これらは、実はそのままモーゼをモチーフにし、彼のたどった道筋を描いたものである。

ヒルコ神話では、天地創造において最初に生まれた子が、ヒルのようにぐにゃぐにゃで足腰が立たなかったため、不具の子として葦舟に乗せて棄てられてしまう。モーゼにも、出エジプト記に「幼少期に葦舟で流される」逸話があり、ヒルコ神話との類似性がわかる。さらに、ヒルコの次に生まれたアワシマは、「泡島」と表記するのが正しいが、これは、モーゼが理想の国を探し求めたが、求めた理想郷はなかなか見つからなかったことを暗喩している。

そして、昔話のなかでも、桃太郎はモーゼの出エジプト記がそのまま原作となっている。桃太郎が三匹のお供にあげたきび団子は、旧約聖書に登場する伝説の甘味食マナに相当し、登場する三匹のお供は、モーゼがやってきた方角を干支で表現したものである。これは、モーゼがイスラエル人を引き連れて西方向からやってきたことを示している。また、子々孫々にわたり受け継がれてきた血脈に由来し、チベットでは、「チベット民族は猿と鬼の子孫だ」という言い伝えが残されているが、ここで言う猿は西南西方向を意味している。

ここで、お供＝イスラエル人を引き連れてきたというところからもわかるように、モーゼ（鬼）は桃太郎である。桃太郎が鬼をあらわしていたのである。

桃太郎発祥の地として知られる吉備では、桃太郎に関連した次のような伝承が残されている。

物語中で鬼とされる温羅《うら》という人物は、戦から逃れ、朝鮮半島から渡来して来た人々の長《おさ》であった。彼らは製鉄や造船、製塩などのすぐれた技術をもたらし、温羅は吉備国の王となったという。

吉備だけにとどまらず、鬼伝説の残されている地域には製鉄産業が盛えていた。つまり、似たような出来事がさまざまな地域で起こっていたということである。この温羅という名前は、実際には、シュメール文明の首都ウルに由来している。

他には、奈良の中宮寺に祀られている弥勒菩薩半跏像が鬼のことについて示している。この像の頭には、丸いダンゴが二個デフォルメされた形でついている。半跏像になんと角が生えているのである。この半跏像は、聖徳太子がモデルとなったもので、京都にある広隆寺の弥勒菩薩半跏像に倣って彫られた聖徳太子像である。現存する聖徳太子像のなかでもっとも生き写しに近く、上腕までかかる長い巻き髪や光背は、聖徳太子等身大像と言われる法隆寺夢殿の救世観音立像と同じ特徴を示している。光背はオーラを表現したものであり、オーラの特徴から判断して、これら二つの仏像は同一人物を模したものだとわかる。

救世観音立像の方には、「上宮王（聖徳太子）の御持物」という記録も残っている。

これら二つの仏像は、日本の仏師だけでは到底つくれるような代物ではない。随所に施されたペルシャを彷彿とさせる作風には、聖徳太子自身の意匠が反映されている。

さらに、これら二つの仏像は、隣同士のお堂に祀られており、さらにいえば、法隆寺夢殿は八角形をしたお堂である。八が特別な数字であることはすでに述べたが、これも、八角形が天下八方の支配者にふさわしいという考えが反映されたものである。「聖徳太子はひょっとしたら実在しなかったのでは?」という説もあるが、それは真実ではない。

また、中国でも、鬼について伝説が受け継がれている。徐偃王《じょえんおう》という徐福の祖先の逸話である。偃《えん》とは、うつ伏せを意味する名前である。このうつ伏せ王の逸話のなかで、彼は鬼の祖先として描写されている。

また、この徐偃王はモーゼの子孫でもあった。こういった鬼伝説は、世界各地に残されている。

鬼について時代をさかのぼると、それを直接になぞらえられたモーゼにおいては、伝説のとおり特別な力を持っていた。それは、人間にはない力であった。特殊な能力を持つモーゼの血脈は歴史に突如あらわれたものである。この突然さを考えると、モーゼは宇宙人であったのかもしれない。そうすると、モーゼは、旧約聖書に書かれている以上の、他に何か大きな目的を持っていたのかもしれない。

有名なミケランジェロ作のモーゼ像には、二本の角が彫られている。ヘブライ語の「輝く」という単語には「角」という意味も含まれていることから、「モーゼの顔は光り輝いていた」と記されている箇所を、ミケランジェロが誤解したともいわれている。しかし、これは誤解ではない。

秦《しん》王朝と秦氏《はたし》のルーツ

さて、中国は漢字の発祥地だが、それについても少し触れておきたい。

漢字の起源は、一説によると中国の神話伝説上の人物である黄帝が開発したものといわれ、その後に続く夏王朝、殷王朝では甲骨占いに用いられ、さらに周王朝になってからは、各諸侯間の伝達手段として使われるようになった。それが徐々に各地に広まり、文字数の少なさを補うために各地で好き勝手に文字がつくられたといわれている。

その後、秦王朝になってから本格的な整備がはじまり、漢王朝の時代になってからようやく中国全土で統一された。それまでにかかった年月は二千年以上にも及んでいる。統一漢字が成立する直前の秦王朝は、わずか十四年の歳月で終焉を迎えたが、もし王朝が続けば、漢字は秦字と呼ばれていたのかもしれない。

王朝の名前となった「秦」の文字は、周王朝時代にメノラーからつくりだされた象形文字で、かつては「シオン」と呼ばれていたものが、いつしか「シン」と呼ばれるようになった。メノラーとは七本立ての燭台で、古くからユダヤ教のシンボルであった。

秦は、ルーツをたどれば周の時代には西方の騎馬民族であり、それ以前には、さらに西の方角から移住してきた遊牧民族であった。彼らは、現在の羌族と同じ起源を持ち、その羌族はかつて殷の時代、儀式の際の生贄とされた民族である。

「羌」の文字は、もともとは生贄を意味する文字であったといわれており、すでにこの頃から、迫害の歴史が連綿と続いてきたことがわかる。だが、この民族が長い時間を経て春秋・戦国時代を制し、秦は中国全土を統一するまでの勢力となったのである。

日本書記によると、応神天皇の御代に朝鮮半島から弓月君《ゆづきのきみ》が率いて渡来してきた帰化民族が、秦始皇帝の末裔といわれている。

秦の文字とメノラーとの比較

しかし、実際にはそうではなかった。弓月君がたくさんの人々を引き連れて渡来したことを、秦始皇帝の末裔としてまつりあげたにすぎないのである。正確には、その帰化民族は、秦の時代に東方には進出しなかった人々の末裔であった。おそらく、秦始皇帝の直系は断絶してしまった。

弓月君率いる彼らは秦氏と呼ばれるようになり、秦氏のなかでもとくに有名なのが、聖徳太子のブレーンとして活躍した秦河勝である。彼は弓月君が引き連れて渡来してきた一団の子孫であった。

三種の神器と同族の協力者、弓月君

三種の神器について触れるにあたり、弓月君という歴史的人物は欠かすことができない。弓月君は、イスラエルの三種の神器の一つ、マナの壺を日本に持ってきたからである。残りの二つは、他の子孫によってそれぞれ別々に受け継がれた。イスラエルの三種の神器とは、代々イスラエルに伝わったとされる秘宝で、モーゼの石版とアロンの杖とマナの壺の三種類である。

このように、弓月君は、かつて存在したモーゼの国からやってきた。また、徐福と同じように長い寿命を持つ人物でもあった。その国のシンボルは、三日月マークに由来し、鬼の角を意味するものであったが、この意味はモーゼだけが知っていることであった。

長い年月をかけてはるばる朝鮮半島まで移住してきていた弓月君を、徐福が渡来させたのは、弓月君もまた渡来を望んでいたからである。弓月君の渡来により、天皇家の三種の神器がつくられることになった。

日本神話において、天皇家の三種の神器は、神が創造したものとされているが、実際には、イスラエルの三種の神器をモデルにしてつくられたものである。天皇家の三種の神器とは、代々天皇家に伝わったとされる秘宝で、八咫鏡《やたのかがみ》と草薙剣《くさなぎのつるぎ》と八尺瓊勾玉《やさかにのまがたま》の三種類である。

徐福は新しい国家になくてはならないものと考え、天皇家の三種の神器をつくりあげた。三種の神器の理念を受け継いだ理想の国をつくる必要があると感じていたからであり、神器があることによって、国家統治をしやすくする狙いもあった。民衆にとって、自分たちの国に特別なものがあるということは、国に対して誇りを抱かせることにつながるであろうと考えたのである。権威のため、神器が三つ集まることによって、特殊な力を得られると思わせたかったということもある。日本神話において、天皇家の三種の神器が特別なものとして語られる所以である。

このとき、弓月君とともに渡来してきた人々、後の秦氏が、その後の日本に大きな影響を与えた。とくに、さまざまな神社やその他の建造物をつくることに貢献した。彼らの流入によって古代日本において文化が入り混じり、今日に至るまでの確固たる日本文化がこの時点でほぼ形成されたことになる。当時の人々は、渡来人がもたらした新たな文化に大きな影響を受けた。その影響は、言葉や神社仏閣などの宗教、思想、芸術、食べ物や衣服にも及ぶ。日本はけっして単一民族国家ではなかった。

また、弓月君が、日本に渡来する以前に朝鮮半島に長く留まっていたこともあり、朝鮮半島にも前方後円墳が多くつくられた。朝鮮半島で戦いに明け暮れていた弓月君は、日本に渡り、統治国家づくりの手伝いをしたいと考えた。除福の掲げる理想が、同族として先祖から伝えられてきたものであったことも、その考えの一助になった。

日本に渡り、徐福を手伝いはじめた弓月君は、徐福を手伝うかたわら、大阪にある大仙陵古墳（仁徳天皇陵）の建造に着手した。日本で最初の前方後円墳は、大仙陵古墳である。

弓月君がつくったものについては、ご紹介したいものが他にもある。奈良の飛鳥にある益田岩船である。これは、古文書などには一切記録が残っておらず、何の目的でつくられたものなのか、まったくわかっていない遺跡である。長さ十一メートル、幅八メートル、高さ四・七メートルの巨大な台形オブジェで、頂上部には一・六メートル四方の穴が二つ開けられている。他の遺跡群からは少し離れているため訪れる人はあまりいないが、実際に実物を見てみると、その巨大さには度肝を抜かれるであろう。

一見すると、縦穴に何かを挿して使う土台のように見えるが、これは弓月君が徐福とともに入るための墓としてつくったものである。縦に開けられた穴は、骨を納めるための大きな石棺である。しかし、これは墓として使われることなく終わった。弓月君にとって、徐福は同じ血脈を持った同族にあたり、それが徐福に好意を持つ理由でもあったのだが、徐福は本人の遺言に従って別の場所に埋葬された。そして、弓月君もまた同様に、別の場所に墓を建てたのである。

益田岩船は本来の意図どおりには使われなかったが、益田岩船をつくった奈良の飛鳥は重要な場所であった。徐福は思ったほど計画的な性格をしておらず、そのことで、弓月君はいつも悩まされていた。

益田岩船

第四章
古文書や伝承に組み込まれた仕掛け

邪馬台国は高千穂にあった！

ここで、日本神話についてあらためて触れておきたい。

天地創造からはじまる出雲神話では、太陽神の天照大御神と、その弟で、高天原から追放された須佐之男命の争いを中心に、天上の世界と地上とのあいだで物語が展開されていく。その後、須佐之男命の子孫である大国主命が出雲の国づくりをおこなうが、結局は、高天原の天照大御神に国を譲るという、国譲りまでが一連の流れである。

神々による地上支配が確定したのちに地上に降り立ったのが、天照大御神の孫に当たる瓊瓊杵尊《ニニギノミコト》であり、それ以降、日向三代の神話へと展開されていく。その後、瓊瓊杵尊のひ孫に当たる神武天皇の東征神話によって、最終的に大和朝廷が確立されたというのが全体の流れである。

日本神話において、神武天皇（除福）が神格化されているのは、人々に「お米は神様が下さった食べ物だから、大切に食べなさい」と言って、各地に稲作を教え広めたからである。神話上、天上の世界とされる高天原の名前は、神武天皇の生誕の地と伝えられる高千穂の高原町からとったものである。

また、京都の上賀茂神社には、次のような逸話も残されている。

ある日、玉依比売命《タマヨリヒメノミコト》が鴨川でみそぎをしていたところ、懐妊して男の子が生まれた。そして、男の子は別雷命《ワケイカヅチノミコト》と名づけられた。別雷命はやがて成人したが、成人の宴の席で「この酒をお父さんにも持っていきなさい」と言いつけられると、屋根を突き抜けて天に昇っていった。これを見て、別雷命の父が神であることがわかった。

ここでいう玉依比売命は、日向神話においては神武天皇の母親にあたる。つまりこの逸話は、神武天皇を神格化するための仕掛けである。

天上の世界である高天原から、地上の高千穂に神々が降り立ったとされる天孫降臨神話において、瓊瓊杵尊から、神武天皇の父親にあたる鵜葺草葺不合尊《ウガヤフキアエズノミコト》までを日向三代と呼び、日向神話として語り継がれている。この日向にあった日向国こそが、中国の歴史書『魏志倭人伝』に記されている邪馬台国とされた場所である。そして、この記述は徐福が書かせたものであり、卑弥呼という統治者も、物語上の架空の存在である。それゆえ、いまだもって学者間での合意が取れず、論争が起こっているのである。邪馬台国論には近畿説と九州説があるが、正しいものは九州説のなかの「邪馬台国が移動したとする説」である。

ただし、すべてが架空なのではない。卑弥呼の跡を継いだとされる台与《トヨ》は実在していた。当時、彼女が統治していた日向国は、国内でもっとも大きな国であった。というのは、女王卑弥呼とその跡を継いだ台与は同一人物だったのである。これは、神武天皇を神話によって神格化したように、台与が幻の国、邪馬台国を受け継いだ特別な存在であることを知らしめるための壮大な仕掛けであった。とすると、この仕掛けは「一体誰に対してのものか?」という疑問が残る。当時の人々にとって、邪馬台国など存在しないことは自明であった。とすれば、この仕掛けは「後世の人々に対して」おこなわれたものだということになる。

現代人の多くが抱くであろう「邪馬台国はどこにあったのか？」という疑問に対しては、「西都《さいと》を中心とした日向国」という解答になる。「西都」という呼称は、大和朝廷から見て西方向という意味で、出雲と高千穂の二ヶ所に天孫降臨神話が残されているのは、両者が大和朝廷の起源となったからである。出雲神話では、伊邪那岐命《イザナギノミコト》、伊邪那美命《イザナミノミコト》といった、原初の神々が登場する創造神話（シュメール神話の影響を色濃く残した物語）から語られているのに対し、日向神話では、神格化された神武天皇の誕生に至るまでの正統性が強調されている。

なお、西都原《さいとばる》古墳にある最大の古墳が、台与と台与の夫の陵墓である。当事、宮崎平野では盛んに稲作がおこなわれており、見渡すかぎりの水田が広がっていた。そこにあって、西都原古墳は高台に位置しており、特別な身分の者しか立ち入ることのできない、神聖な領域であった。卑弥呼の陵墓とされている有名な奈良の箸墓《はしはか》古墳は、実際は卑弥呼の墓ではない。ここには、徐福が結婚した唯一の皇后が祀られている。

（上）西都原古墳群 鬼の窟古墳
（下）宮崎の海岸沿いに広がる鬼の洗濯板

ここで興味深いのは、「台与《トヨ》」という名前からわかるように、邪馬台国とは「ヤマトコク」と読むのが正しい読み方だということである。大和《ヤマト》という名称には、暗に「タイワ（神との対話、かつて出雲神殿が建っていた場所の名前）」と「大いなる和合」の意味合いを持たせていた。したがって、日向国のことを「ヤマトコク」と『魏志倭人伝』に書かせたことは、徐福にとって意味のあることであり、彼の台与に対する最大の譲歩でもあった。徐福の寿命は普通の人間よりも長かったため、結局は、台与の思うように国を統治させることはないという真意があったからである。

ヤマトの本当の表記は、仏教用語で「人間存在の根本にある意識」を意味する「阿《あ》頼耶識《らやしき》」の同音を用い、「耶間永《やまと》」とするのが意味的に近い。「耶間永」とは、意識、空間、時間が三位一体であることを示している。

現在、「ヤマト」と読んでいる「大和」は、当て字である。日本に漢字を伝来させたのは徐福であり、徐福が渡来して来た当時、まだ秦王朝でも漢字の整備がはじまったばかりであった。その後、「大和」という当て字がつくられたのは、徐福が渡来してからだいぶ後のことではあるが、好きに当て字をつくるくらいは、わけもないことであった。

ちなみに、現在の日本と中国の漢字が微妙に異なるのは、中国本土で整備が完了する以前に日本に伝来したためである。

徐福と台与《トヨ》の同盟

神武東征神話は、神武天皇が天下統一を目指して高千穂から旅立ったとされる物語であるが、これは、日向国を足掛かりとした日本統治の野望を暗喩したものである。すなわち、日本統治のために台与と組もうと考えた当時の徐福の行動がもとになっている。

徐福が日本に渡来してから数百年後、日向国に台与があらわれたことがきっかけとなり、彼の理想はさらに燃えあがった。台与はとても好戦的なリーダーで、日本統治にも強い意欲を示していたのである。

徐福と台与という二人のリーダーが揃ったことで、日向国と出雲国の共同統治が現実味を帯びてきた。日向国は当時、日本で一番大きな国だったこともあり、徐福がその勢力を味方につけたいと考えたのも頷ける。

そうした経緯で、徐福は台与と交渉するために、日向国に足を運んだのである。そこからの旅路をつづったものが、神武東征神話なのである。

台与は、徐福の訪問を警戒と怖れをもって受けた。徐福は、多くの民衆が降参するほどの知識、技術、そして軍事力を持っているように思われた。敵対することに利はない。話しあいに応じなければ、日向国は滅ぼされてしまうとすら感じた。台与の気性は荒かったが、徐福の力を見抜くだけの力量が備わっていたのである。

それに、台与は周辺国からの侵略に備えるための強力な後ろ盾、同盟相手を必要としていた。同盟対象として徐福は申し分ない相手であった。

徐福が日向国を訪れた証拠が、日向市の大御神社に残されている。それは庭園の岩に刻まれた岩刻文字であり、当時からほとんど人には知られていない。ここに挙げた写真は、シュメール神話に登場する神々の兄弟、エンキとエンリルを意味するものであり、徐福が日向国を訪れた際に、大御神社に宿泊し、書き残したものである。

エンキを意味する岩刻文字

エンリルを意味する岩刻文字

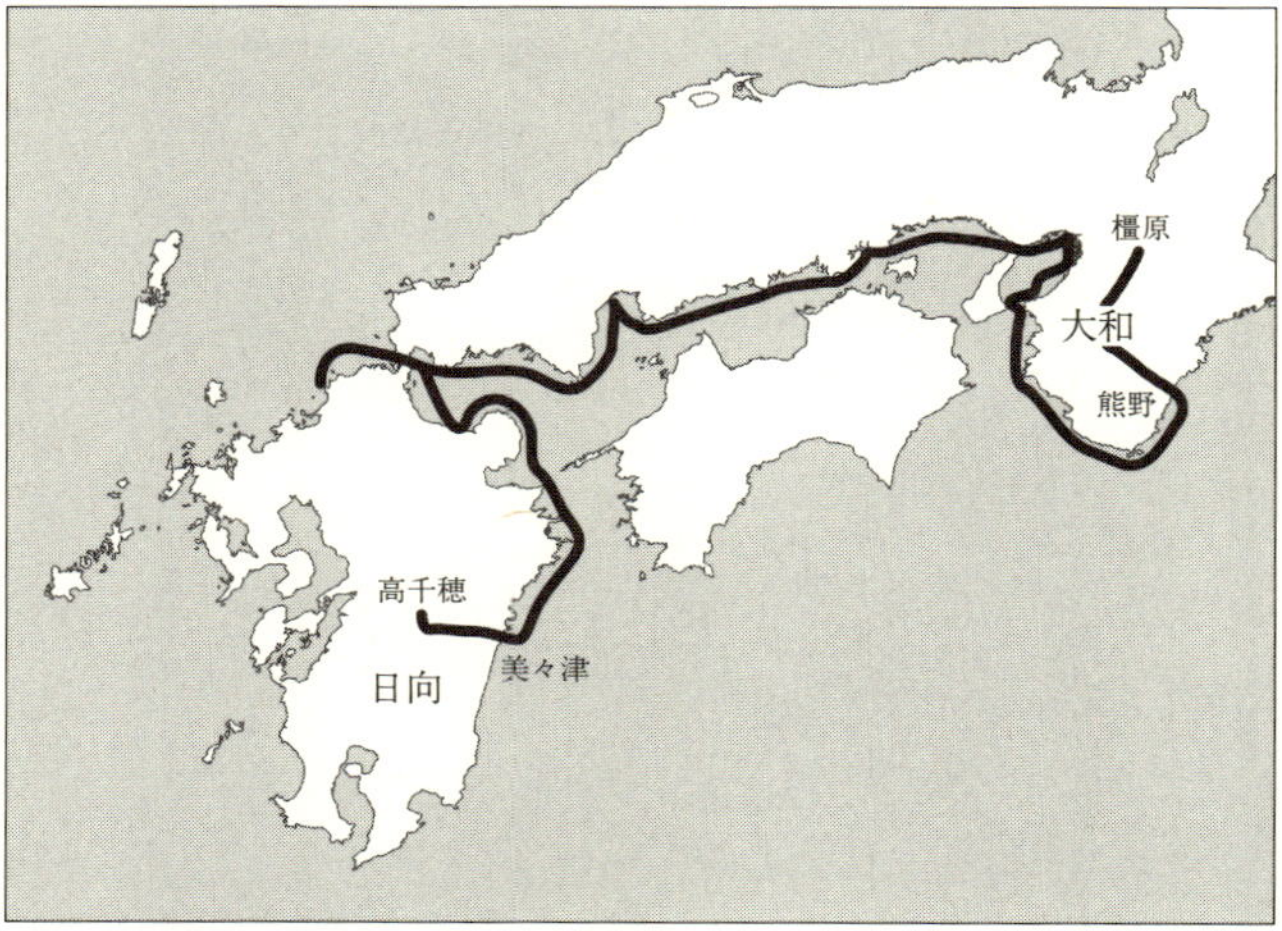

神武東征の移動経路

他にも、日向にある美々津は、神武東征出発の地と伝えられる港町で、さまざまな記念碑が建てられている。立磐神社には、神武天皇が座ったとされる「御腰掛岩」が祀られているほか、社殿裏には、神武東征の案内人とされる「塩土老翁《シオツチノオジ》のメンヒル（巨石記念物）」がそびえ立っている。高さ八メートル、周囲十五メートルにも及ぶ巨大な柱状岩で、立磐《たていわ》神社の名前はこの巨石に由来するものと考えられる。

徐福は日向国に滞在し、海を眺めながら、ここでは日本を統治するには西に寄り過ぎていると感じた。

高千穂峡の秘密の滝

高千穂でもっとも有名な観光スポットは高千穂峡にある真名井の滝だが、そこには、多くの人がいまだ知らないであろう秘密がある。地元の人しか知りえない、謎の滝が存在するのである。それは、真名井の滝の近くにある七ッヶ池の隣に、台風などの大雨のときにだけあらわれる滝である。案内板も何もないのだが、真名井の滝よりも勢いがあり、遊歩道のすぐ脇をもの凄い勢いで流れ落ちてくる。普段は見られないため、ほとんど一般には知られていない。

その謎の滝を光学カメラで写真に撮ると、なんと七色の光が滝のなかに写り込む（本書の表紙カバー裏面の写真参照）。それはまるで、滝を通って神が降臨しているかのようである。この滝こそ、徐福が本当の真名井の滝と認めた滝である。

徐福は、高千穂峡をすばらしい峡谷だと認め、これらの滝に、三種の神器にちなんだ名前をつけた。

高千穂峡にある謎の滝

さらに、高千穂峡の近くにある、天安河原から見た岩戸川の眺めは、まるで三途の川を思わせる雰囲気がある。この場所こそ、徐福が黄泉《よみ》の国の入口、黄泉比良坂《よもつひらさか》と認めた場所である。出雲にある黄泉比良坂は暫定的に名づけられた場所にすぎない。

天安河原から見た岩戸川

浦島太郎はただのおとぎ話ではない

日本に伝わる昔話のなかに古代の事績が織り込まれていることは、すでに述べてきた。浦島太郎もその一つであり、物語に登場する竜宮城は蓬莱山のことである。日本書紀では、浦島太郎は竜宮城ではなく、蓬莱山に案内されたとはっきり記されていることからもそれがわかる。

三つの神山である沖縄県与那国島、福岡県沖ノ島、島根県隠岐島。これらを調査したのが徐福であることをあわせると、浦島太郎は徐福のことと考えるのが妥当である。また、竜宮城での三年が実際には三百年経っていたという記述も、おとぎ話ではなく、実際に人間のおよそ十倍の寿命があったと理解すべきである。徐福の寿命はざっと千年近くはあったことから、その時間が、開くとあっという間に老人になってしまったという、玉手箱のような摩訶不思議なアイテムに暗喩された。

浦島太郎と似た日本神話に、神武天皇の東征をうながした塩土老翁《シオツチノオジ》の物語や、応神天皇の東征を導いた武内宿禰《タケノウチスクネ》の物語がある。

宮崎の日南市にある鵜戸神宮には、御祭神の鵜葺草葺不合尊《ウガヤフキアエズノミコト》とともに、その母親である豊玉姫命《トヨタマヒメノミコト》も祀られている。豊玉姫命は台与と同一人物である。日向神話では、海神族とされる豊玉姫命が、亀に乗って海神の宮と鵜戸神宮を往来したと伝えられる逸話があるが、これも浦島太郎の物語に少なからず類似している。この物語の真相は、神武天皇の使いの者に案内され、台与が奈良に向かったことを示している。

豊玉姫命は神武天皇の祖母とされていることから、豊玉姫命が海神族であるとすると、神武天皇は海神族の血を引いていたということになり、神武天皇の神格化はますます強まった。

こういったさまざまな仕掛けにより、大和朝廷が特別なものであることを世に知らしめようと意図していたことがわかる。

当時出雲にいた徐福と、日向にいた邪馬台国の台与は、共同統治の名のもとに国家統一のための協定を結んだ。徐福の率いた出雲の民と、台与の率いた日向の民が和合し、その結果できあがったのが大和朝廷というわけである。徐福と台与が大和朝廷誕生のキーパーソンであった。しかし、徐福と台与の関係はあくまでも共同統治者という枠を出ない。

出雲と日向を統合した際、都には奈良が選ばれた。これは、どちらか片方の国に都を置いてしまうと、選ばれなかった国の民が不平不満を抱くからである。両者の国のあいだには、他の周辺小国がいくつも存在していたこともあり、中間を選ぶことはせず、どちらからも同じくらいに離れた奈良が選ばれたわけである。さらに、徐福が東北に対する統治の野心を持っていたこともあり、出雲や日向よりも東に都を置く必要性を感じたのである。奈良には適当な盆地があり、パワースポットとしても最適な位置関係にあった。

徐福にとって、東北を除いた本州を統治するまで道のりは大変長く、そのための戦いは、古事記や日本書紀において倭建命《ヤマトタケルノミコト》や景行天皇の遠征物語に反映されている。

古事記における倭建命の物語は、父親である第十二代景行天皇に兄殺しの罪で疎まれ、九州征伐のために西征を命じられるところからはじまる。その後、休む間もなく続けざまに東国征伐を命じられ、途中、叔母の倭姫命《ヤマトヒメノミコト》から草薙剣《くさなぎのつるぎ》をもらい受け、東国征伐後には病死してしまうという話である。

一方、日本書紀では、倭建命の物語の前後に続く話がさらにあり、倭建命の九州征伐以前に、父親の景行天皇自身が九州征伐をおこなっている。そして、倭建命の死後には、景行天皇がその死を嘆いて諸国を巡幸した物語が記されている。

つまり、これらの物語は、各地の制圧のために徐福が軍を派遣したことを描いているのである。戦いの際、敵の体をずたずたに切り刻んだとされる倭建命の凶暴性は、内に秘めた徐福の野心のあらわれである。諸国を統治する戦いの激戦地は、九州北部から下関にかけてで、そこは日向国にとっての因縁の地でもあった。当時の大和朝廷の三大勢力（奈良、出雲、日向）を分断できる要所でもあり、さらに下関は、朝鮮半島との国交においても重要なポイントとなった場所である。

その後に続く戦いにおいて、古事記や日本書紀では、倭建命の義理の娘にあたる神功皇后が九州征伐に向かったとされている。先述の、倭建命が九州征伐をおこなったとされる話では、倭建命は徐福自身をあてはめた人物であるが、この神功皇后は台与のことである。このことは、二人がともに九州征伐をおこなったことを意味している。

九州征伐の戦いには台与も同行し、このときに徐福から「神」の文字が入った「神功皇后」の名前をもらったことが、この物語には含まれている。

続く神功皇后の新羅遠征は、弓月君が朝鮮半島から渡来したことを反映している。日本書紀においては、神功皇后と邪馬台国の卑弥呼が同一視されている箇所があるが、これは神功皇后が台与であり、台与が卑弥呼であることを暗に裏づけている。

こうした戦いを続けてはいたものの、徐福は戦争で日本を統一することを望んではいなかった。その思いが、戦いが終わってのちに、各地の治水事業をすすめたり、視察団などを派遣したことにつながっている。それが景行天皇の巡幸物語として記され、徐福の意向にしたがう形で、しだいに、仏教の力を借りて民衆を統治する方向へと変わっていった。

〈倭建命につながる天皇家の系譜〉

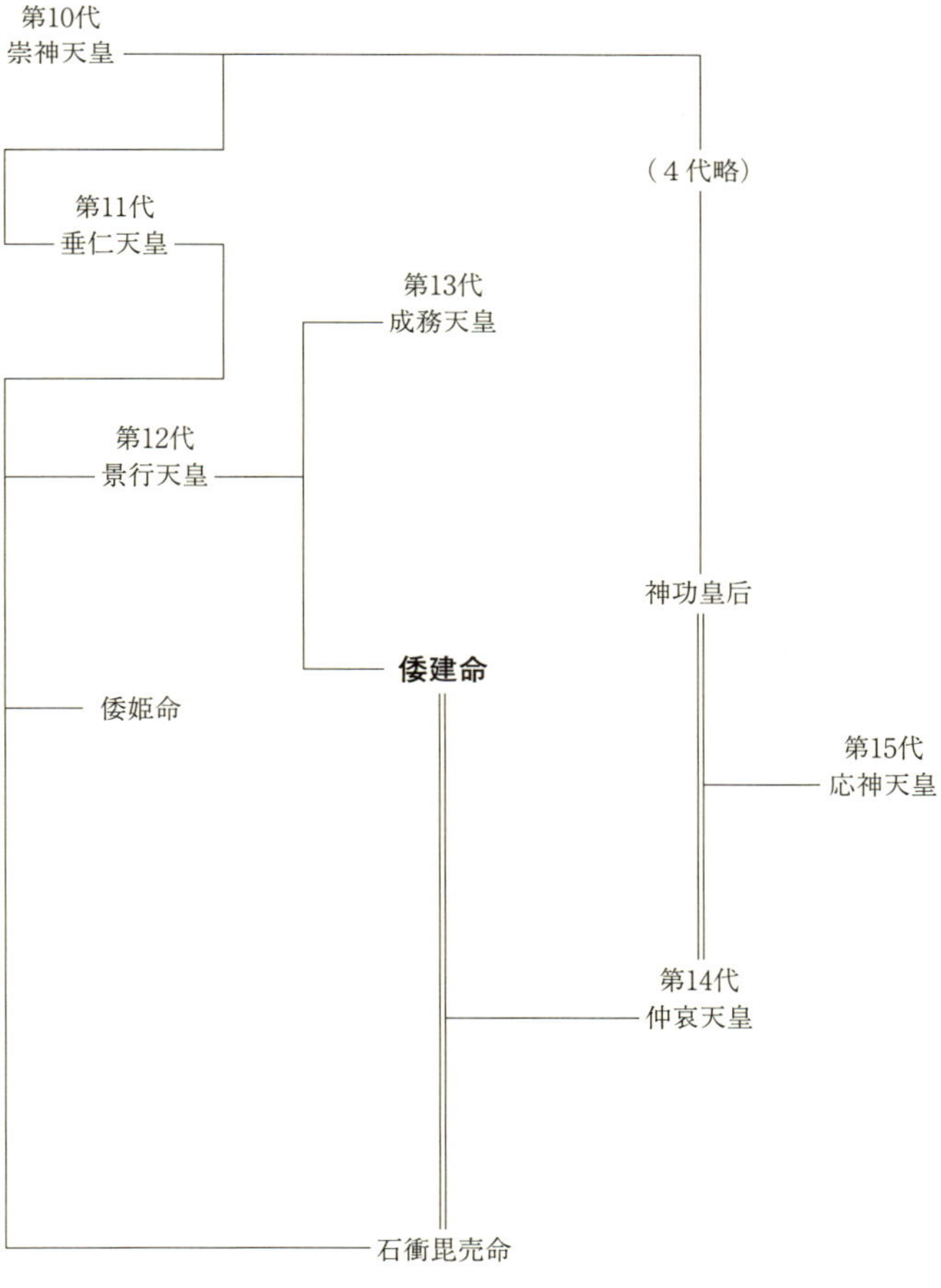

ここで一つ、面白いものがある。宮崎市内の平和台公園にある平和の塔である。塔の正面には「八紘一宇」の文字が刻まれている。「八紘」とは、八つの方位を意味する言葉で、「一宇」は、一つの屋根を意味する言葉である。すなわち「道義的に天下を一つの家のようにする」という意味で、もともとは日本書紀の神武天皇の条にある「掩八紘而爲宇」を要略した語彙である。こういったことからも、徐福がいかに日本統治にこだわっていたかがわかる。

平和の塔の正面扉には、神武東征のレリーフが描かれているほか、塔の四隅には、信楽焼でつくられた四魂像が配置されている。四魂とは、人には和魂《にぎみたま》（調和）、荒魂《あらみたま》（活動）、奇魂《くしみたま》（霊感）、幸魂《さきみたま》（幸福）の四つの魂があり、それらを一つの霊がコントロールしているという考えに基づいた思想である。塔の前には八角形の石盤があり、この上で手を叩くと、塔に反響して「ビーン」と音が鳴る。平和の塔は、一見すると普通の塔だが、このようにいろいろな仕掛けや装飾があり、興味深い建築物となっている。

平和台公園の平和の塔

第五章
奈良に遺された遺跡が真実を語る

奈良は徐福の理想郷となった

徐福が新たな都として選んだ奈良について、もう少し詳しく述べよう。

奈良に移った大和の都は、現在の飛鳥から藤原京のあった橿原《かしはら》市にまで及んでいた。橿原市にある橿原神宮は、神武天皇が即位したとされる場所である。

徐福は奈良の大和に移住してからしばらくして、名前を神武から崇神へと変えた。第十代崇神天皇である。よって、神武天皇から崇神天皇に至るあいだの第二代〜第九代の天皇は、名前だけの架空の存在であったということになる。

崇神と名乗る頃には、徐福はさすがに体力も衰え、心の奥底で理想郷を求めるようになった。そして、穏やかで、温厚な表情へと変わっていった。

そこで徐福は、自らが住まう奈良に理想郷をつくろうとしたのである。

これには、奈良の大和にある三輪山が大きなポイントとなった。三輪山は、標高四百六十七メートルの、綺麗な三角錐をした山である。大蛇がとぐろを巻くように鎮まっているといわれ、徐福はそれをもとに、三輪山に住まう神の化身の物語をつくった。光り輝く蛇の雷神として描かれたそれは、シュメール神話におけるエンキの象徴であった。

三輪山は現在、入山可能な数少ない神奈備《かむなび》（神霊が鎮座すると信じられた山）である。山頂まで登ってみると、立ちくらみが起こるほどのエネルギーが感じられる。三輪山が特に強いパワースポットであることはまちがいない。

さらにいえば、三輪山の「三輪」は、三位一体思想から名づけられており、三輪山を御神山とする大神《おおみわ》神社の名前が示すとおり、「三輪」＝「神《みわ》」という意味をなしている。この場所をもとに、さまざまな遺跡や聖徳太子のような伝説の物語が生まれていった。

そこで、それと関連する遺跡をいくつか紹介しよう。

・酒船石《さかふねいし》

酒船石は崇神天皇がつくったものである。生命の樹をあらわしている。生命の樹とは、ユダヤ教の神秘思想に由来するシンボルであり、モーゼから教え伝えられた叡智の一つであった。だが後に、崇神天皇の指示のもと、これに楔《くさび》を打って割り、薬草を調合するための台として使われるようになったのである。生命の樹の模様が途中で切れているようにみえるのは、丸い部分で調合した薬を、管部を通して器に移しやすくするためである。当時、大和には巨大な古墳や建築物がたくさんつくられていたが、建築に携わる大勢の人たちが怪我や体力の低下で苦しんでいた。そういった人たちのための薬を生み出していたものである。

・石舞台古墳《いしぶたいこふん》

石舞台古墳は蘇我馬子の墓といわれ、教科書にも載るほどの有名な古墳である。しかし、内部には石室が見つかっておらず、誰の古墳であったかははっきりとはわかっていない。石舞台古墳の上には、かつて土が全体的に盛られていたといわれているが、実際には、現在のままの状態ではじめから放置されていたものである。

・鬼の雪隠《せっちん》・鬼の俎《まないた》

奈良県高市郡にある遺構である。地元では、昔、この周辺に鬼が住みつき、通行人を捕らえては俎で調理し、雪隠（便所）で用を足したという伝説が残っている。俎（底石）の上に雪隠（蓋石）が組みあわさる形状をしており、もとは石棺の一部であった。崇神天皇（徐福）が自分の墓として用意したのが石舞台古墳であって、鬼の雪隠と鬼の俎は、そこに収めるために用意した石棺であったというのが正しい。完成後に石舞台古墳に運ぶ予定であったが、彼の気まぐれにより、計画は途中で中止された。石棺の内辺長は二・八メートルにも及び、この大きさから、崇神天皇は相当に大柄な人物であったことがわかる。

・伝飛鳥板蓋宮跡《でんあすかいたぶきのみや》

かつて大和の中心地であった遺構である。中大兄皇子と中臣鎌足が大化の改新をおこなった舞台といわれているが、実際には大化の改新という事件は起きていない。このとき暗殺されたとされる蘇我入鹿をはじめ、蘇我馬子の直系は実在しなかった。聖徳太子と蘇我馬子は同一人物だったのである。聖徳太子の本名であった厩戸皇子の「馬宿で産まれた」という出生エピソードは、蘇我馬子の「馬宿で生まれた子として、我蘇る」という名前と由来を同じくするものである。

・亀石

中国において、亀は神聖な動物とされていた。奈良の飛鳥にある亀石は、徐福が出雲から遷都してきたことを伝える遺物である。だが、このことは多くの人に気づかれないままである。

酒船石

（上）鬼の雪隠
（下）鬼の俎

古文書には歴史の虚実が織り交ぜられている

お札にもなったことで有名な聖徳太子は、とても多くの事績を残した人物として描かれている。

私たちは、多くのことを古文書から拾い集め、歴史を探しているが、古文書では、後に多くの人が知る聖徳太子と称される人物が、多くのことをなしたということがわかるのみである。聖徳太子が「和を尊び」と語ったことも、また興味深い経緯によるものである。

古文書には、聖徳太子の正体についてなど書かれていないが、真実は崇神天皇こそが聖徳太子だったのである。

聖徳太子（崇神天皇）の外見は、かつてお札に描かれた肖像画とは異なり、細身の体つきで、女性的な、とても大人しい性格に見える容姿をしていた。かつて徐福として、最初の渡来を成功させたときの助けとなったものである。

聖徳太子が提案したとされる冠位十二階や十七条憲法などは、崇神天皇によって実際に制度として取り入れられた。戸籍制度は、崇神天皇がはじめて実施したものである。税収を増やすためのものであり、たくさんの税を徴収し、中央集権国家を成り立たせたわけである。

さらに、遣隋使や遣唐使を派遣し、隋や唐にならった律令制度の導入により、大和朝廷の統治体制を強化した。このとき遣隋使として二度にわたり派遣された小野妹子の正体は、一度目は崇神天皇本人であり、二度目は弓月君である。二人の、その後の大陸本土への関心が、渡航の動機に加味されていた。

大和では、広大な地域にわたり疫病が流行したことがあり、そのことが、第四十五代天皇とされる聖武天皇の遷都物語に反映されている。聖武天皇が疫病を逃れるため、四度にわたり平城京から遷都を繰り返し、結局は再び平城京に戻ったとされる物語である。このことは、聖武天皇と崇神天皇が同一人物であったことを意味する。

崇神天皇と弓月君の二人は、疫病の大流行が、大きな何かによって三輪山が汚されてしまったために起こったことだと考えた。そのころ、平城京はまだなく、そこは荒れ果てた土地であった。

崇神天皇と弓月君が大和からの遷都先を探して巡幸したコースは、壬申の乱で大海人皇子《おおあまのおうじ》がたどったコースと、聖武天皇が四度にわたり遷都したコースと同一である。崇神天皇は平城京に遷都後、東大寺大仏殿をはじめとした各地の寺院を建立し、仏教の普及につとめた。それは、聖武天皇の事績として一般に言われているとおりである。

また、壬申の乱とは、大海人皇子と大友皇子《おおとものおうじ》が、第三十八代天皇とされる天智天皇の死去後に、支配権を巡って争った戦いである。二人の争いは、近畿から中部にかけて繰り広げられた古代最大の乱であり、最終的に、クーデターを起こした大海人皇子が勝利するという珍しい展開であった。大海人皇子がこの戦いでたどったコースが、勝利への道となったわけである。天智天皇とは、大化の改新で有名な中大兄皇子《なかのおおえのおうじ》のことであり、その弟にあたるのが大海人皇子、大友皇子は天智天皇の息子にあたる。壬申の乱とは、天皇家における叔父と甥の戦いであった。

〈大海人皇子と大友皇子につながる天皇家の系譜〉

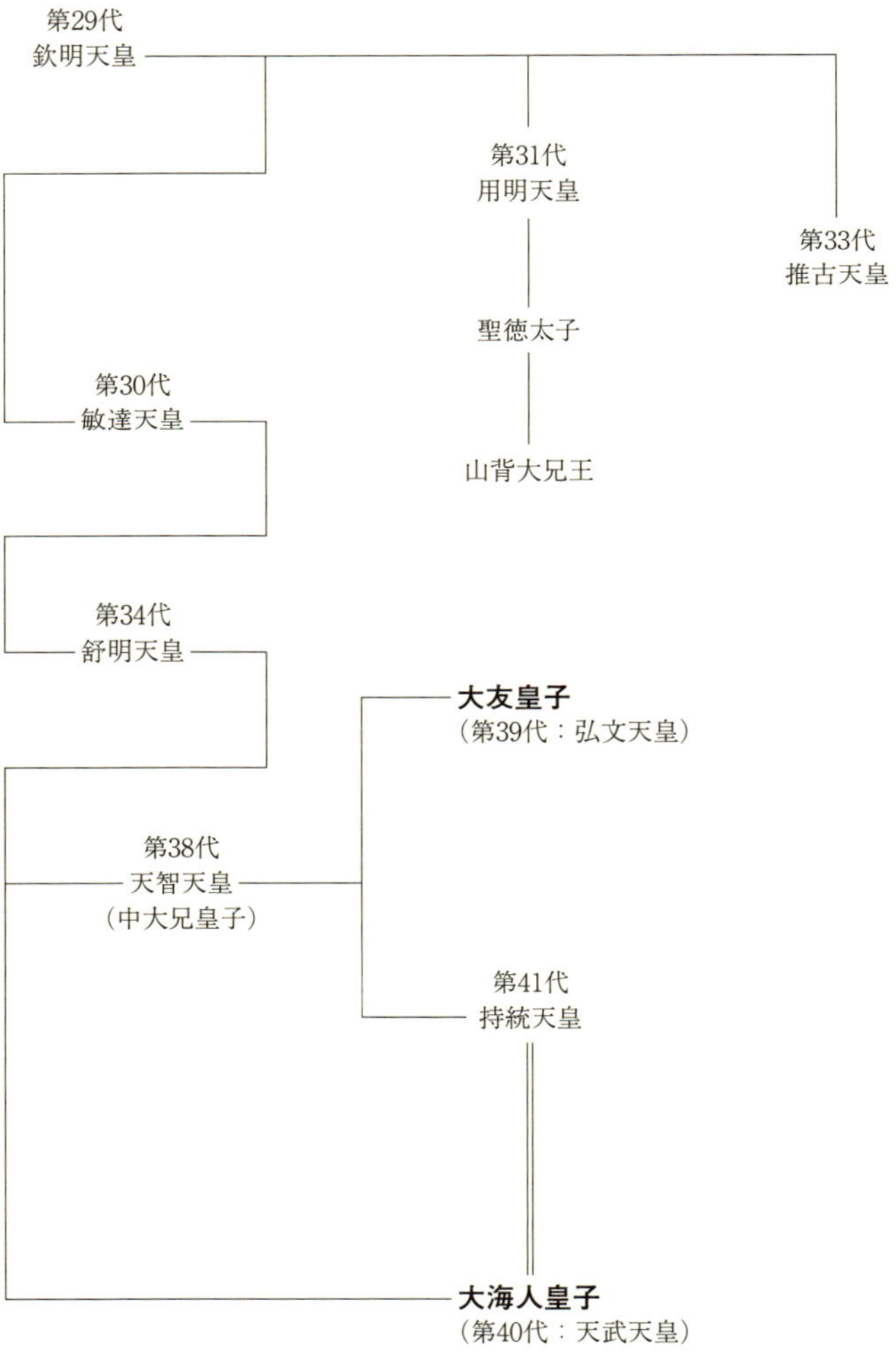

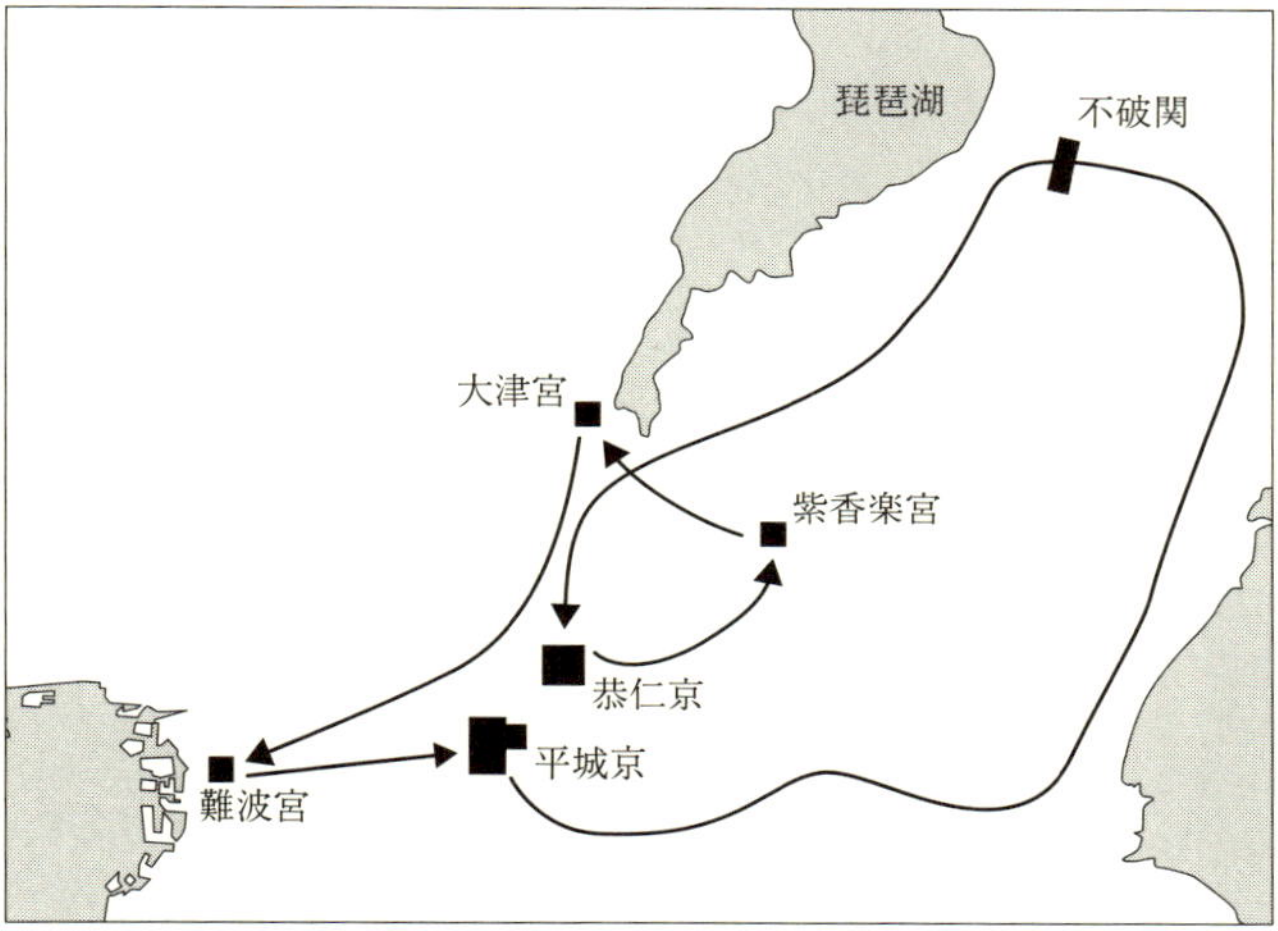

崇神天皇と弓月君の巡幸経路

崇神天皇と弓月君の二人が巡幸したなかで、遷都先の最終候補地となったのが、平城京と恭仁京《くにきょう》であった。最終的には平城京に決定し、弓月君がその土地を確保した。

このときの巡幸地は、平城京、恭仁京、紫香楽宮《しがらきのみや》、大津宮《おおつのみや》、難波宮《なにわのみや》である。

それぞれの土地は放り出すのではなく、目印として宮殿を建設し、別な目的で使おうと二人は考えていた。弓月君はとくに、この巡幸のときにパワースポットとしての結界を張ろうと考えていた。この弓月君こそが、元祖・陰陽師である。

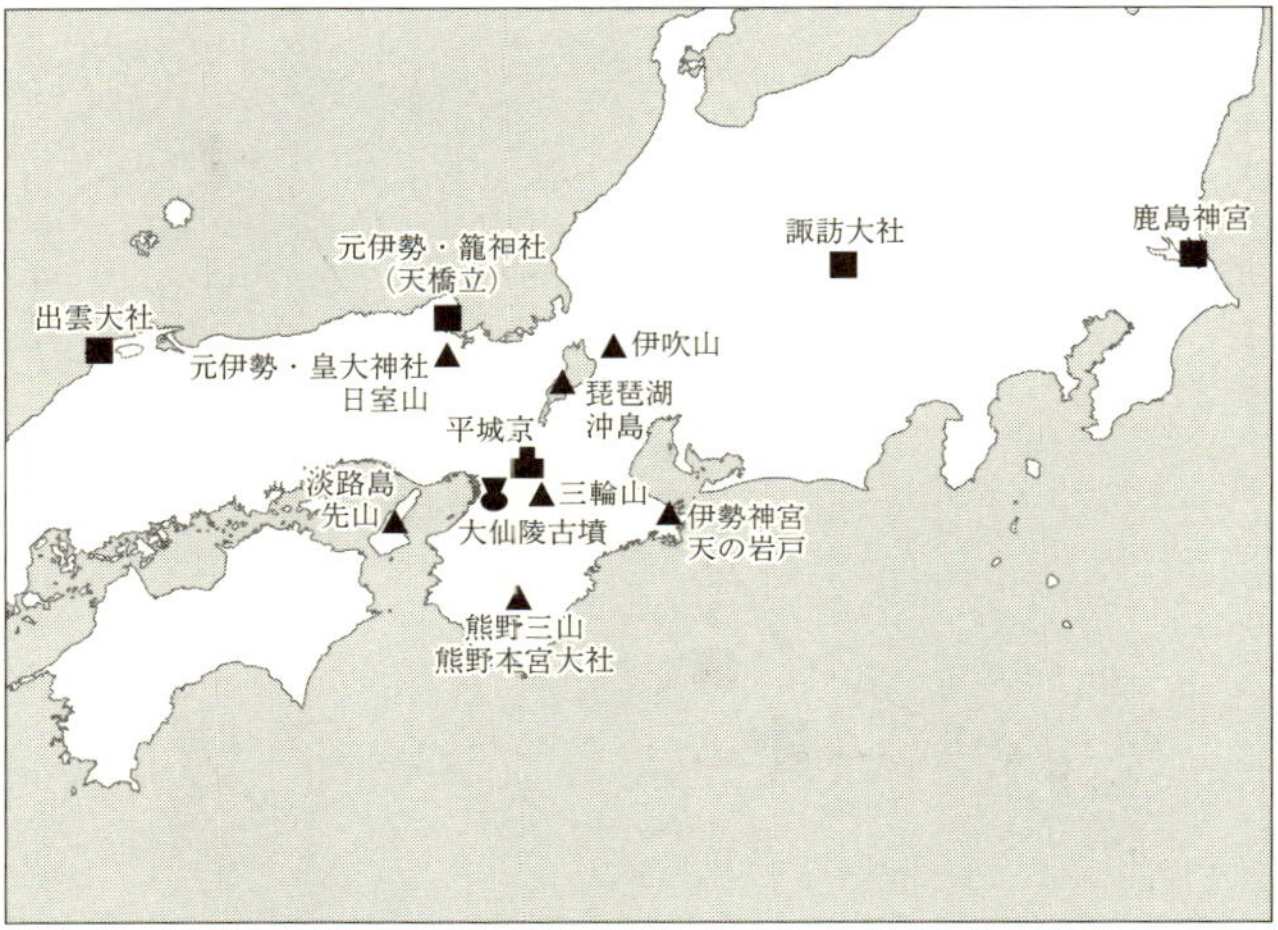

結界とレイラインの位置関係

二人は、もっとも重要であった三輪山をこれ以上汚されないようにするために、都を平城京に移した。すなわち、遷都先を探して巡幸したことは、結界のなかで、適当な土地を探していたということである。

さらに、三種の神器を伊勢神宮に移動し、すべての汚れから三輪山を守ろうとした。崇神天皇にとって三輪山は、そこまでする価値のある山だったというわけである。結界の中に三輪山と大仙陵古墳、遷都先の平城京が入るようにし、伊勢神宮を結界の頂点に配置した。

結界は、強いパワースポットがそれぞれ頂点となっている。熊野本宮大社（熊野三山の一つ)、淡路島(先山)、皇大神社(日室山)、琵琶湖(沖島の蓬莱山)、伊勢神宮(天の岩戸)の五つである。

・熊野本宮大社(熊野三山の一つ)

神武東征の際に、一行が熊野三山で謎の飛行物体を目撃したことにより、強いパワースポットであることがわかった場所である。謎の飛行物体が大和へと導いてくれたことを、八咫烏《ヤタガラス》として、神話にも登場させている。

ちなみに、「飛鳥《あすか》」という地名は、五十音で最初の音「ア」と、古代語で聖地を意味する言葉である「スガ」があわさったもので、「飛ぶ鳥が導いたアスガ」に由来し、もっとも神聖な聖地という意味である。

・淡路島(先山)

淡路島の先山は、日本神話において伊邪那岐命《イザナギノミコト》と伊邪那美命《イザナミノミコト》の二人が淡路島をつくったときに最初にできた山である。先山の山頂には千光寺が建ち、千光寺の供養行事には鬼にまつわる伝承が残されている。

・皇大神社（日室山）

皇大神社は、日室山を御神山としている。日室山は綺麗な三角錐をしており、皇大神社は、元伊勢を冠されている。当初、崇神天皇はイスラエルの三種の神器の保管場所として、京都にある丹後の籠神社を用意してくれていた。しかし弓月君はそれを躊躇し、丹後からほど近い丹波に皇大神社をつくったのである。しかし、結局はこの皇大神社にイスラエルの三種の神器を保管することはなかった。

・琵琶湖（沖島の蓬莱山）

琵琶湖にある沖島には蓬莱山という山がある。先にも触れた、沖ノ島や隠岐島と同様に「オキ」の名前を持つここは、かつて徐福が名づけた場所で、強いパワースポットである。ここにわざわざ蓬莱山の名前をつけたのは、本当の蓬莱山のことを誰にも知られたくなかったためのカモフラージュである。

当初、結界の形がいびつであったため、沖島の山を蓬莱山とするのではなく、現在の滋賀県と岐阜県にまたがる伊吹山をそれとすることを考えた。倭建命の東征において、伊吹山の神に戦いを挑み、敗れてしまう物語があるが、これは、結界の形を整えるため、ポイントを伊吹山へと修正しようと考えたことを意味している。だが、どちらかというと沖島のパワーが適していたため、そのままになったものである。

・伊勢神宮（天の岩戸）

伊勢神宮の近くにある天の岩戸は強いパワースポットである。実際にそこで写真を撮ったところ、デジタルカメラを使用していながら、ネガポジ反転の写真が撮れたことがある。そのことからもわかるように、天の岩戸のパワーはあまりにも強力である。この力の強さから、伊勢神宮は、天皇家の三種の神器を保管するために選ばれ、つくられた場所である。台与が創建のために遣わされた。

伊勢神宮の内宮・外宮は天の岩戸にあわせて配置され、天皇家の三種の神器を、奈良の大神《おおみわ》神社の摂社の一つ、元伊勢・檜原《ひばら》神社から移動させた。

（上）丹波の日室山
（下）天皇家の三種の神器があったとされる、奈良の檜原《ひばら》神社の三ツ鳥居

当初、天皇家の三種の神器は、奈良の元伊勢・檜原神社の近くで発見された纒向《まきむく》遺跡に祀られていた経緯がある。近年の発掘調査の結果、纒向遺跡では出雲大社と伊勢神宮の建築様式を含んだ、それぞれの建物が隣接して建っていたことがわかっている。このことから、神道は地理的な流れにおいて、奈良から出雲と伊勢の二流派に分かれ、それぞれに伝わったと考えている人もいるようである。しかし実際には、神道は出雲から奈良、そして奈良から伊勢へと伝わったのである。天皇家の三種の神器の移動がそのことを示唆している。

同様に、大陸におけるイスラエルの三種の神器の移動も、モーゼの叡智の流れを示しているといえる。しかし、ここでいうモーゼの叡智とは、ユダヤ教の思想ではなく、理想国家に基づくものである。そもそも、崇神天皇と弓月君の二人が、天皇家の三種の神器をイスラエルの三種の神器になぞらえたのは、イスラエルの三種の神器が、モーゼの所有していたものだったからである。祖先から伝わる叡智の象徴として、イスラエルの三種の神器をとらえていたのである。

日本神話において、天上の世界から降りてきた饒速日命《ニギハヤヒノミコト》が、後の神武天皇である神倭伊波礼琵古命《カムヤマトイワレビコノミコト》に服従したことにより、神武天皇が初代天皇に即位したくだりは、そのまま崇神天皇と弓月君を写しとったものである。饒速日命（弓月君）が神倭伊波礼琵古命（崇神天皇）に服従したときに差し出した天の宝物は、奪われたのではなく、「大事に保管しておきなさい」となだめられたのが事の真相である。

崇神天皇はかつて、天橋立の不思議な景観に魅せられ、そこが特別なパワースポットであると感じた。それをきっかけにして、天橋立のすぐ近くに籠神社をつくった。元伊勢・籠神社には、かつてイスラエルの三種の神器が祀られていたのである。籠神社の奥宮の真名井神社は、そのことにちなんで名づけられた神社である。その後しばらくして、イスラエルの三種の神器は大仙陵古墳に移された。

一方で、天皇家の三種の神器に関しては、それほど執着がみられなかった。伊勢神宮に移す際にはあっさりと台与に託すほどであった。日本書紀において、伊勢神宮の創建は倭姫命《ヤマトヒメノミコト》によるものとされており、このときのことを物語としたのは、崇神天皇が台与のことを自分の娘のように思っていたからである。

倭姫命の甥にあたる倭建命《ヤマトタケルノミコト》は、崇神天皇本人のことである。倭建命という名前には、「日本を建てた」という意味があるが、「大和」は「倭」と表記された時代もある。「倭」とは、「委ねしたがう」という意味である。ここには恐ろしい真意が隠されている。「大いなる和合」を意味する「大和」とは対をなす、裏の意味である。

伊勢神宮の外宮・内宮・天の岩戸の配置は、明らかにオリオン座の三ツ星を意識している。同様に、横浜の伊勢山皇大神宮の境内にも同じ配置が見られる。オリオン座の三ツ星を反映した、三位一体の思想が顕著にあらわれており、エジプトの大ピラミッドと同じ思想が盛り込まれている。伊勢神宮の天の岩戸は強いパワースポットであり、エジプトのメンカウラー王のピラミッドと同様の意味が込められている。

（上）伊勢神宮・内宮
（下）伊勢山皇大神宮の天の岩戸

つまり、パワースポットのレイラインは、太陽の通り道を想定した東西のラインは崇神天皇がつくり、五芒星の結界は、弓月君とともに台与も参加してつくったことがわかる（Ｐ102の図を参照）。

日本古来の宗教である神道には、二つの思想的な源流があり、一つは、崇神天皇がもたらした流れで、もう一つは、弓月君の渡来以降につくられた流れである。

第六章

アトランティスの符号を紐解く

白うさぎになぞらえられた人間

うさぎは、太古の昔から意味のある動物と考えられていた。中国の古文書には、現実にはあり得ないもののたとえとして、「兎角《とかく》」という言葉が用いられている。実際、うさぎに角などあるはずがない。しかし、絶対にないかというと、ときにはあるかもしれないと考えられていた。

「兎角」という漢字は、現代では「とにかく」という言葉に、「兎に角」という当て字で用いられている。

崇神天皇は、うさぎが象徴するなかでももっとも古い意味を理解し、日本統治のための重要な拠点に目印としてうさぎを置いた。私たちには思いもよらない歴史に基づいたものであり、大洪水よりも昔の話である。

その時代のことについて、正確には何も語り継がれていない。遥か昔のことである。ただし、シュメール神話だけが、唯一そのことについてわずかに触れている。

かつて、人々は今の私たちとは異なる肉体をしており、シュメール神話に登場するアナンヌキと呼ばれる神々こそが、実は当時の地球人であった。アナンヌキは、現代の私たちとは違う力を持っており、その肉体は、私たちの肉体とは大きく異なっていたのである。しかし、アナンヌキには角は生えていなかった。鬼ともあらゆる面で違っていたのである。

人間の肉体には進化の過程がわからない期間が存在し、「ミッシングリンク」と呼ばれている。これは、太古のアトランティス人たちが、類人猿と自分たちのＤＮＡを掛けあわせて、今の私たちの肉体を創造したことによる。すなわち、シュメール神話でいわれている神々とは、私たちがアトランティス人と呼んでいる人々のことを指しているのである。

アトランティス人と人間が共存していた時代、人間は彼らのための強制労働者として生み出されたのである。現代でいうモルモットのように、人間をＤＮＡ実験の動物にたとえ、白うさぎになぞらえた。白うさぎは、強制労働者としての人間を象徴しているものであった。このことから、人間がアトランティス人にとって必ずしも好意的な存在ではなかったことがわかる。

ヨーロッパにある「イベリア」という地名には「白うさぎ」の意味が含まれている。スペインが位置しているイベリア半島や、コーカサス地方のグルジアに、かつてイベリア王国という国が存在した。また、スペインの国名は「うさぎの国」を意味している。さらに、スペイン人は自分たちの言葉を「天語」と呼んでおり、スペイン語には、当時の言葉とよく似た音が名残として含まれている。

また、グルジアと同じコーカサス地方のアルメニアには、首都エレバンのカスケード広場に、うさぎの銅像が幾つも立てられている。これは、一部の人々がこの隠された真実を知っているからである。

エレバンのカスケード広場に置かれたうさぎの銅像

エレバンのカスケード広場に置かれたうさぎの銅像

日本では、出雲大社の参道に御慈愛の御神像がある。因幡の白うさぎ伝承で、大国主命《オオクニヌシノミコト》が白うさぎを助けた場面を再現したものである。因幡の白うさぎ伝承とは、白うさぎが、ワニを騙して海を渡ろうとしたところ、それがばれて、ワニに毛皮を剥ぎ取られてしまう物語である。白うさぎが、その痛さのあまり浜で泣いていたところ、幾人かの神々が異なる対応をみせる。最初に通りがかった神々は、海水を浴びて風にあたっていることを助言する。嫌がらせに気づかなかったうさぎは、体がますます傷だらけになってしまった。最後にやって来た大国主命が、真水で洗い、花粉をつけて休むことをすすめたところ、そのとおりにしたうさぎの体はすっかり元通りになった。

これは、大国主命が人間に対してとても誠実であったことを意味し、逆に、それ以外の神々が人間に対していかに冷たかったかを示している。

こうした意味の込められた白うさぎは、他の神社にもみられる。以下に紹介する神社では、うさぎにまつわるものが置かれている。

出雲大社の波うさぎ

・出雲大社の波うさぎ

本殿参拝所の上部に波うさぎが彫られてある。因幡の白うさぎ伝承を再現したものである。

・奈良の大神神社《おおみわ》

創建は崇神天皇の頃と伝えられている。拝殿には撫でると運気がアップするといわれる「なでうさぎ」が祀られている。

・高千穂の皇宮神宮

皇宮神宮は、崇神天皇の御代に社殿が造営されたと伝えられている宮崎神宮の摂社である。一説には、宮崎という地名の由来

鵜戸神宮のうさぎの石像

はこの皇宮神社からきたものとされているが、実際には、「宮うさぎ」に由来している。

同じく、宮城県の地名も「宮うさぎ」に由来するが、これは、東北全域を「宮うさぎ」と想定し、その名残として宮城県に名前が残ったものである。「宮」という字には「神の領域」という意味があるが、「宮うさぎ」といった場合、「飼い馴らされたうさぎ」を意味する。

・高千穂（日南市）の鵜戸神宮

本殿のある洞窟には、撫でうさぎが祀られているほか、境内には、いくつものうさぎの石像が置かれている。

調神社の手水舎のうさぎ

・埼玉の調《つき》神社

調とは献納品のことである。神社の名前の由来となったのは、崇神天皇の勅命によって伊勢神宮への調物配送用の倉がつくられたことによる。江戸時代のころ、「調」と「月」がともに「ツキ」と読むことから転じて、月の使者とされるうさぎがこの神社の使いになったといわれている。

しかし、実際にはそうではない。もともとは、うさぎは「月の使者」ではなく、「献納する者」と結びつけて考えられていたのである。境内にはたくさんのうさぎが祀られているほか、手水舎にも存在し、神社入口には狛犬ならぬ狛うさぎが祀られてい

岸公園の宍道湖うさぎ

る。狛うさぎを祀る神社は、他にも日本各地に存在している。

・出雲の岸公園

宍道湖の畔にある岸公園には、十二体の「宍道湖うさぎ」が置かれている。

これらの事実は、映画や物語でも繰り返し述べられている。近年の映画では、『マトリックス』や『ノウイング』などがあげられるであろう。

『マトリックス』では、主人公のパソコンに「白うさぎを追え」とメッセージが表示され、それをきっかけにして主人公が異次元の世界へと誘われる、キーマンとなる女性と出会う。『ノウイング』では、主人公の少年が父親と再会した際、突如として腕に白うさぎが抱きかかえられており、そのうさぎはラストシーンにおいて草原に解き放たれる。これは、新しい人類のはじまりを表現している。

他にも、『不思議の国のアリス』などがわかりやすい。白うさぎが時計を持って穴に飛び込む様子は、まるでタイムワープしてアトランティスに誘われるかのようである。

こういった数々の作品のなかでも、レオナルド・ディカプリオ主演の映画『太陽と月に背いて』で話題になった、十九世紀を代表するフランスの詩人、アルチュール・ランボーの代表作を紹介したい。それは、詩集『イリュミナシオン』で、その最初の詩「大洪水のあと」の冒頭に、次のような一節がある。

大洪水の記憶がまだ覚めやらない頃
一匹のうさぎがイワオウギと揺れる釣鐘草のなかで立ちどまり
蜘蛛の巣ごしに虹に祈りを捧げた

うさぎが、大洪水のあとの世界のはじまりを祈っている。ランボーの描写はたいへんわかりやすい。

さて、日本においては、崇神天皇の意識が向いていた神社にうさぎが置かれている。かつて徐福が地元の人々と親しくしつつ、統治の野心を抱いていたことはすでにこれまでに述べてきた。こうしたうさぎを配置することによって、後世の人々に、自分が日本を統治していたことを暗に示したかったのである。

徐福が崇神天皇であった当時、統治していたのは本州の一部にとどまり、東北の蝦《え》夷《みし》はまだ統治外であった。蝦夷とは、日本の東北から北海道にかけて住んでいた先住民のことを指す。彼らは大和朝廷の支配下にはなかった。蝦夷の信仰は自然との共存を重視し、大和朝廷に協力的ではなかったのである。

そのことを強く意識していた崇神天皇は、なんとか蝦夷を統治しようとし、そのための拠点を各地につくっていった。その代表的なものが、東北の前衛地域にあたる、福島県会津の伊佐須美神社である。

崇神天皇の意識がいかに東北に向けられていたかが、よくわかる一例である。各地に軍を派遣し、勢力拡大をはかった大和朝廷ではあるが、その勢力の北限が福島県の会津だったわけである。大和朝廷の影響力は西日本だけに留まらず、かなり古い時代から東日本や東北にまで及んでいたのである。

遺跡が語らない古代史

かつて伊佐須美神社には大規模な神殿が建っており、現在は、平成三十四年ごろの完成を目指して、出雲大社の高層神殿によく似た、高さ三十二メートルの本殿を再建することになっている。これは、八の倍数にもとづいた高さである。

他にも、崇神天皇が聖武天皇と名乗った御代において、日本各地にたくさんの寺院がつくられた。千葉県の南房総にある、鋸山日本寺もその一つである。鋸山日本寺は、今でこそ知名度は高くないが、かつて聖武天皇の勅命で開かれた関東最古の修験場で、弘法大師をはじめとした、名だたる高僧たちが訪れたという。山一つが霊場となっているだけでなく、数多くの秘境があり、景観のすばらしさは筆舌し難いものがある。

日本寺大仏の大きさは三十一メートルもあり、鎌倉高徳院の大仏が高さ十三メートル、奈良東大寺の大仏が高さ十八メートルであることからして、名実ともに日本最大の大仏である。また、山頂にある百尺観音像は、二〇〇一年に破壊された、今はなきバーミヤンの石仏を彷彿とさせるものがある。

（上）日本寺大仏
（下）鋸山の地獄のぞき

鋸山の百尺観音像

弓月君の影響の強いさきたま古墳群の豪族も彼らの統治下にあった。埼玉の調神社が物資の調達拠点であったことは先に述べたとおりであるが、さきたま古墳群もその拠点であった。このような拠点は当時、屯倉《みやけ》と呼ばれており、大和朝廷が支配のために全国に配した直轄地を意味する。崇神天皇と弓月君は、そのような屯倉を日本各地に配置した。

大和朝廷が安定してくると、崇神天皇はさまざまな天皇になりきるようになった。対外的には、人間以上の寿命を持つ者が存在するということをカモフラージュし、日本という国が世襲君主制によって受け継がれている中央集権国家であることを示したのである。

（上）さきたま古墳群の稲荷山古墳
（下）さきたま古墳群の丸墓山古墳

東京にある武蔵府中熊野神社古墳も崇神天皇がつくったものである。そこには、弓月君が崇神天皇に贈った特別な剣が保管されていた。武蔵府中熊野神社古墳は、日本で六基しか確認されていない非常に珍しい形の上円下方墳で、上段が円形、下段が方形の二段構成になっている。

そのなかでも武蔵府中熊野神社古墳は、国内最大の上円下方墳である。当時の技術よりはるかに高度な技法が用いられており、玄室内壁の石組みはよく研磨され、天井に向かって見事なドーム状になっている。石の組み方は、剃刀の刃一枚入らないといわれる南米のマチュピチュやクスコの遺跡とよく似ている。それだけ大切なものを保管する場所だったということである。だが、現在そこにはガラス玉と剣の鞘の先端金具しか見つかっていない。ガラス玉は、秦氏がペルシャ経由で持ち込んだものであり、当初そこにあった剣はすでに持ち出されてしまった。

これは盗まれたわけではなく、崇神天皇が亡くなった後に、弓月君が自ら持ち出し、隠岐島に持ち込んだのである。その剣を崇神天皇の形見として、弓月君は隠岐島に渡った。隠岐島はとても変わったパワースポットで、日本列島の縮図とみたてることができる。隠岐島は、島後島、知夫里島、中ノ島、西ノ島の大きな四つの島と、およそ百八十もの小さな島からなる群島で、弓月君はその剣を隠岐島群の隠岐島に埋めた。

一般に、埋葬品は年代を特定する鍵になると考えられている。武蔵府中熊野神社古墳で見つかった、鞘の先端金具に描かれている紋様の一部が、日本最古の銭貨とされる富本銭《ふほんせん》（和同開珎《わどうかいちん》よりも古く、七世紀ごろに流通したもの）の紋様と同じであったことから、武蔵府中熊野神社古墳の建造時期は、奈良の石舞台古墳と同じ七世紀ごろと推定されている。

また、その鞘の先端金具に描かれている文様は七曜文《しちようもん》と呼ばれており、七曜文とは、一つの丸の周りに六つの丸を配置し、合計七つの丸で表された文様のことを指す。この七曜文は、アトランティス時代においても使われていたことがあり、その証拠に、クレタ島で発見されたファイストスの円盤にも同様の文様がいくつも描かれている（P37の写真を参照）。

つまり、必ずしも埋葬品が年代を特定する鍵になるとは限らないということである。また、武蔵府中熊野神社古墳と奈良の石舞台古墳の玄室の石組みはあまりにも異なるため、とても同年代につくられた古墳には見えない。

武蔵府中熊野神社古墳の玄室内壁の石組み

徐福がつくりあげた理想国家、最古の国日本

ここで、ギネスブックにも認定されている最古の国について触れたい。

意外に思われるかもしれないが、最古の国とは日本である。中国のように王朝が変わったり、あるいは民族が移動してしまった場合、同じ国が継続しているとはみなされなかったのである。二番目に古いとされているのがデンマークで、国の創建は七世紀である。

日本の場合、皇紀は神話からはじまるが、存在が確実視されているのは、七九四年の平安京遷都で知られる、第五十代天皇の桓武天皇である。六世紀の推古天皇あたりまでは信憑性が高いとされており、歴史的に多少不明な点があったとしても、日本が世界最古とみなされているわけである。

では、実際の歴史はどうであろうか。

日本の真の歴史は、桓武天皇からであるというのが正しい。大和（倭）でなく日本（日の本《もと》を意味する）と呼ばれるようになったのは、桓武天皇以降の時代なのである。些細なことではあるが、この呼び方にも、アトランティスの思想である太陽信仰があらわれている。

さらにさかのぼること、第三十三代天皇とされる有名な推古天皇にいたっては架空の人物であり、第十代天皇である崇神天皇（徐福）の後は、大きく飛んで第十五代天皇の応神天皇である。そして応神天皇は弓月君である。崇神天皇をずっと助けていた弓月君が崇神天皇の国家統一の夢を受け継ぐのは、当然の成り行きであろう。ちなみに、その次が第五十代桓武天皇という流れになる。

桓武天皇の父親は、第四十九代天皇とされる光仁天皇であるが、光仁天皇は一般人であった。応神天皇（弓月君）と光仁天皇は愛人関係にあり、応神天皇（弓月君）は、国家統治を愛人である一般人の息子に託したのである。桓武天皇の父親として、光仁天皇は系譜上、中大兄皇子の子孫ということになっている。天皇としての正当性を整えるため、情報を糊塗したのである。

日本統治について、崇神天皇と弓月君は二人だけの秘密を多く共有していた。日向国との同盟後は、奈良で崇神天皇を中心とした台与と三人の共同統治になったのだが、普通の人間であった台与の寿命は、せいぜい数十年くらいであった。結局は、崇神天皇と弓月君二人での共同統治という形におさまったわけである。

崇神天皇と弓月君は、時代が移り変わっても、それぞれの時代にそれぞれの天皇がいるように装っていた。そして、天皇が代わるたびに、色々な人の遺体を手に入れては墓に埋葬した。崇神天皇や弓月君の正体は、各時代の天皇の埋葬に携わった一部の人には知られていた。自分より後に生まれた者が先に死んでいくことに対して、常に物悲しい気持ちを持っていた。二人の寿命は、人と比べて長すぎたのである。

その長い生涯のあいだ、二人は朝鮮半島への警戒をたびたび抱いていた。理想国家としての日本を守るためにも、他国からの侵略を防ごうとしていたのである。防衛に、島国という立地条件が利していたのはいうまでもない。

その後、崇神天皇が生きていたのは平城京に移るまでである。第四十八代天皇とされる称徳天皇（第四十六代孝謙天皇が再度天皇の座に就いて称徳天皇となった）の時代まで生きたのである。孝謙天皇は子をもうけなかったとされていることから、崇神天皇には子供がいなかったことがわかる。

徐福は神武天皇であり、崇神天皇でもあり、また、聖徳太子であり、聖武天皇であり、さらに孝謙天皇でもあったということになる。すなわち、聖徳太子や聖武天皇の御代に建てられた寺院は、徐福が仏教を広めることにより宗教の力で民衆を支配しようと考えていたことの証左であろう。そうして、崇神天皇は長い時代にわたり、さまざまなことをおこない、日本の礎を築いた。最終的に、考えたそのままの理想国家には至らなかったとしても、満足して亡くなった。

〈桓武天皇につながる天皇家の系譜〉

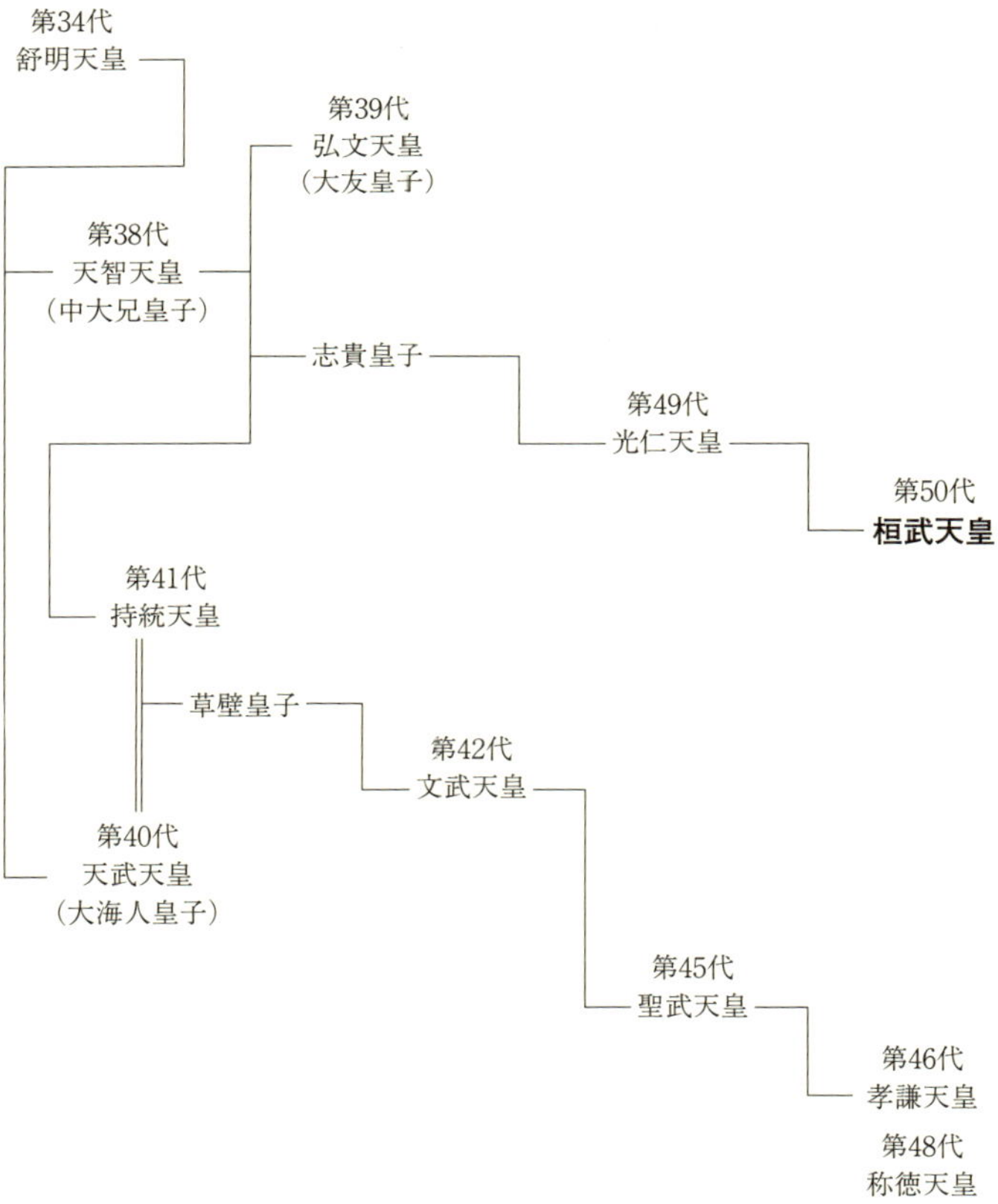

弓月君は、応神天皇として、わずかな期間だけ天皇になった。彼は、徐福のように、長いあいだ国家統治に対する情熱を燃やしつづけることができなかった。応神天皇が大切にしていた崇神天皇の形見は、唯一、自分の名前だけであった。そう、「神」の文字が入った応神の名前である。大陸から渡来したときに、崇神天皇からもらった名前を形見としたのである。

古事記と日本書紀によって操られる古代史

古事記と日本書紀は、崇神天皇と弓月君がそれぞれ書いたものである。それによって、二つの古文書ができあがった。これらの古文書が書かれたのは、奈良時代の末期である。二人が古文書を書こうと思った動機は、モーゼが旧約聖書の一部を記したように、それにならって歴史物語をつくりたいと考えたからである。

しかし、二人がそれぞれに、別の古文書を記したことは不思議に思われる。そこで、そのことについて簡単に触れたい。

日本の歴史について物語をまとめようという話になったときに、二人には意見の食い違いがあり、議論した。その結果、お互いの意見を尊重し、別々の古文書をつくることにした。古事記の著者が崇神天皇、日本書紀をあらわしたのが弓月君である。両者の内容が微妙に異なるのは、崇神天皇が、自分の血統の正当性を示す必要性を強く感じていたのに対し、弓月君は、神話以降の歴史に重きを置いたためである。

さらに、弓月君は、日本書紀の信憑性を高めるため、朝鮮半島の史料を入手して、著書に盛り込んだ。

日本の初期の歴史は、ほとんどこの二人によってつくられたといっても過言ではない。崇神天皇と弓月君は、中国の歴史や思想に精通していたこともあり、二人にとって歴史物語をつくるなどわけもないことであった。各地の風土記などにもその影響は及んでいる。二人の寿命が長いことが、そのことを可能にしたのである。しかし、現代人の多くは、過去の人物がそのように歴史を操作したなどとは、予想だにしないかもしれない。

歴史に息づく徐福の理想、アトランティス

長野県長野市にある皆神山《みなかみやま》には、第二次世界大戦の終戦間際に、皇居の移転計画があったといううわさがある。そこには重大な秘密が隠されていたのかもしれないが、明らかにはされていない。実際に、皆神山周辺にはたくさんの防空壕がつくられ、現在は松代象山《まつしろぞうざん》地下壕としてその一部が公開されている。

皆神山は、崇神天皇が孝謙天皇と名乗った時代に、シュメール神話になぞらえてつくられたものである。崇神天皇は、自然に盛りあがってできたという不思議な現象を聞き、重要な山として位置づけたのである。

そこで崇神天皇は、アララト山をまねて皆神山の形を整えた。アララト山はトルコ東部のアナトリア地方に位置し、シュメール神話において大変重要とされている山である。旧約聖書にも、ノアの箱舟が漂着した山として登場する。

崇神天皇にとって、それは最後の大仕事であった。日本を統治国家として保ちたい

という想いのあらわれであり、その証拠そのものであった。日本がアトランティスのように理想国家であり続けるよう、願いを込めてつくったものである。だが、今では、皆神山の原形はだいぶ崩れてしまっている。

実際に足を運んでみると、皆神山の中腹にある岩戸神社の洞窟では、電気的なピリピリとした体感があった。皆神山には、それだけの何かがある。「皆が神」という名前は、アトランティスのことを象徴した言葉である。アララト山、ひいては皆神山も、それだけ特別な山だったということである。

皆神山は、アララト山を模してツインピークスのようになっており、東側の山頂には神社が置かれている一方、西側の山頂は荒れ果てている。これは、ナイル川東岸を生の世界ととらえ、西岸を死の世界ととらえた古代エジプト文明の風習に由来する。

皆神山の岩戸神社

崇神天皇、すなわち徐福の考えは、すべてにおいて日本統治にあった。アトランティスの思想によって国家づくりをした理由は、その思想が徐福にとって利用しやすかったからである。

徐福が目指した国家づくりの理想とは、海底遺跡に住んでいた古代の人々と同じような、意識を統合した状態の人々が住む国家であった。それは、モーゼから受け継がれてきた理想でもあった。意識を統合した状態の人々というのは、私たちの集合意識から情報を引き出すことができる人たちを指す。

徐福が、モーゼの跡を継ぐかたちで理想国家をつくろうとしたのは、モーゼのことを尊敬していたからである。その畏敬の念は、余人には理解できないほどの大きさであった。理想国家づくりは、モーゼから先祖代々受け継がれてきた一族の考えであった。そのことだけでも、子孫にとってモーゼの存在がいかに大きかったかがわかる。徐福自身もその大きさを感じていたのである。自らをシュメール神話のエンキになぞらえることで、その思惑を暗に示していたともいえる。エンキとは、シュメール神話において、最初に地球に降り立ち、人類を創造した神である。他の神々から忌み嫌われる一方、とても頼られてもいた。神々のなかの異端児というポジションである。徐福は、そういう存在に憧れていた。

同じ心理が日本神話にも見える。

徐福は、自分と日本神話の須佐之男命を重ね描いており、自分は異端ではあるが、大きなことをなしたということを暗に示している。自分を日本神話の中の異端児、須佐之男命と重ねる神話をつくることで野心をも示した。一般に、牛を須佐之男命の象徴とする考え方は、牛の角と関係している。

日本初期の歴史は、私たちが思う以上に操作されている。それゆえに、私たちは真の歴史について曖昧であり、いまだに真実にたどりつけないでいる。このような謎に光を当てるため、今後も知られざる真実について、少しずつまとめていきたいと思う。次作でも、さまざまなことを紹介したいと考えている。

《参考文献》

『古事記』倉野憲司著（岩波書店）
『日本書紀』1～5巻　坂本太郎、井上光貞、家永三郎、大野晋著（岩波書店）
『古事記』上中下　次田真幸著（講談社）
『日本書紀』上下　宇治谷孟著（講談社）
『続日本紀』上中下　宇治谷孟著（講談社）
『［地球の主］エンキの失われた聖書』ゼカリア・シッチン著（徳間書店）
『ランボー全詩集』宇佐美斉訳（筑摩書房）

〈著者紹介〉

岩井 央（いわい おう）

東京理科大学で電気工学科を専攻。長年にわたり、電気メーカーで電気回路の設計・開発に従事。科学や技術、歴史や精神世界に至るまでの多様な知見を深め、その後、精神的なインスピレーションを得て、UNIO INTEGRA（ユニオ・インテグラ）を設立。現在、多くの方から沢山の相談を受ける傍ら、自己啓発セミナーを開催するなど、ライフアドバイザーとして幅広く活躍中。

ヤマトを創建した徐福の秘密

アカシック・チャネリングシリーズ①

2015年３月12日　初版第１刷発行

著　者　岩井 央
発行者　韮澤 潤一郎
発行所　株式会社 たま出版
〒160-0004 東京都新宿区四谷4-28-20
☎ 03-5369-3051（代表）
FAX 03-5369-3052
http://tamabook.com
振替　00130-5-94804

印刷所　株式会社エーヴィスシステムズ

ISBN978-4-8127-0377-9　C0021